W0179384

MARTIN KUNZ, SIMONE VARGA-KUNZ,
PROF. DR. KARSTEN FEHLHABER

Verwenden statt verschwenden

Martin Kunz,
Simone Varga-Kunz,
Prof. Dr. Karsten Fehlhaber

Verwenden statt verschwenden

Nachhaltig mit Lebensmitteln umgehen

Verlagsgruppe Random House FSC DEU-0100
Das für dieses Buch verwendete FSC®-zertifizierte Papier
Munken Premium Cream liefert Arctic Paper Munkedals AB, Schweden.

1. Auflage
© 2013 Wilhelm Goldmann Verlag, München,
in der Verlagsgruppe Random House GmbH
Umschlaggestaltung: Eisele Grafikdesign, München
Layout und Satz: Buch-Werkstatt GmbH, Bad Aibling
Druck und Bindung: GGP Media GmbH, Pößneck
KW · Herstellung IH
Printed in Germany
ISBN 978-3-442-39240-7

www.mosaik-verlag.de

*»Wohlstand beginnt genau dort, wo der Mensch anfängt,
mit dem Bauch zu denken.«*

Norman Mailer

Inhalt

ᐧKluges Konsumieren
Erstaunlich, wie wenig Essen wir eigentlich brauchen

Erkennbarer Verderb
Nur vertrocknet, vergoren oder schon verschimmelt?

Frische-Guide von A – Z
Alles über Fleisch, Wurst, Fisch, Milchprodukte, Eierspeisen,

Abschließender Gedanke

Anhang

Einfach weg damit?

Es ist erstaunlich, wie sehr angeblich zivilisierte Menschen ihre Nahrungsmittel missachten: Jeder zweite Salatkopf, jede zweite Kartoffel oder Gurke fällt bei der Ernte als »nicht normgerecht« durch die »Gütekontrolle« und kommt vom Beet mehr oder weniger direkt auf den Mist. Tonnen von Backwaren landen täglich zwischen New York, Berlin und Tokio ungekauft im Müll. Unser Wissen darüber, wie wertvoll auch angebrochene Lebensmittel und Essensreste immer noch sind, ist uns komplett abhandengekommen.

Einige Beispiele:

- Wenn die deutsche Drei-Personen-Durchschnittsfamilie Bolognese kocht, wirft sie eine 500-Gramm-Packung Spaghetti ins Wasser. Nach 300 bis 400 Gramm sind sie in der Regel satt. Der Rest wandert in den Abfall.
- Vom Hähnchen werden nur Schenkel und Flügel gegessen, das trockene Brustfleisch wird einige Tage im Kühlschrank zwischengelagert und landet letztlich in der Tonne.
- Baguette wird mitunter zum Abwischen der Teller benutzt – das leckere Lebensmittel dient als Wegwerf-Schwamm-Ersatz.
- Nur die Hälfte einer Gurke findet im Salat Verwendung – 30, 40 oder 50 Prozent sind umsonst gewachsen.

Das Gleiche blüht den meisten Packungen Toastbrot, nur teilweise ausgelöffelten Joghurts oder Eiern: Ab in den Eimer – nur weil das Haltbarkeitsdatum erreicht ist! Nach neuesten Studien werfen deutsche Familien pro Jahr oft Nahrungsmittel im Gegenwert von 1000 Euro weg! Wie gedankenlos wir unsere Lebensmittel verschwenden und vernichten, nimmt der Filmemacher Valentin Thurn in seinem Dokumentarfilm *Taste the Waste* aufs Korn. Im Film verfolgt Thurn, dass vom Beginn der Produktionskette in der Landwirtschaft über den Handel bis hin zum Verbraucher fast ebenso viele Nahrungsmittel weggeworfen wie verbraucht werden.

Unser Buch ist der erste Ratgeber zum Thema, in dem wir zeigen, welchen Wert unsere Nahrungsschätze haben, die wir in die Tonne werfen: Die meisten Früchte, Backwaren und Tiefkühl-Produkte sind auch noch nach Ablauf des Haltbarkeitsdatums verwertbar. Wer sich mit der richtigen Aufbewahrung und den Finessen der Resteverwertung auskennt, der kann auch aus den Überbleibseln eines Mittagmahls oder Abendessens feinste Gerichte zaubern. Klar, dass wir die ernst zu nehmenden Hygienegefahren auch im Umgang mit Tiefkühltruhe und Kühlschrank benennen – schließlich kann eine Fleischvergiftung lebensbedrohlich sein!

Der Gewinn für alle heißt: Aus klug konservierten Essensresten lässt sich allemal ein Festmahl kreieren – wie, das verraten wir im Buch.

Wir geben Dutzende Tipps, wie Sie Ihren Geldbeutel schonen und damit gleichzeitig helfen können, die Abfallberge zu verkleinern und Ressourcen zu erhalten. Der achtsame Umgang mit Lebensmitteln ist Ihr Beitrag zu einer besseren Welt und ein deutliches Zeichen gegen die Dekadenz der Wegwerfgesellschaft. Sie sind dabei längst nicht mehr allein: In vielen deutschen Städten und Gemeinden engagieren sich Menschen für Projekte, die sich die Essensabfall-Vermeidung und die bessere Verwertung unserer Nahrung zum Ziel setzen. Aber nicht nur in Deutschland, sondern weltweit sind Permakultur und ähnliche Bewegungen auf dem Vormarsch. Permakultur ist der Gegentrend zur Wegwerfgesellschaft. Aktivisten der Permakultur widersetzen sich der rücksichtslosen Ausbeutung des Planeten und streben ein nachhaltiges Denken und Wirtschaften an.

Unglaubliche Verschwendung
Achtsamer Umgang mit Lebensmitteln – Fehlanzeige

Die Geschichte der Dekadenz

Den Niedergang einer Gesellschaft kann man fast überall, an jeder Straßenecke, in jedem Restaurant oder Supermarkt verfolgen. Zum Beispiel auch auf einer Gartenparty in einem besseren Viertel Münchens. Der Eingeladene kam etwas verspätet, wollte gerade die Gastgeber begrüßen und den Willkommensdrink genießen, als mehrere Kinder mit Gabeln bewaffnet über das sehr weitläufige Gartengelände liefen. Auf deren Gabeln waren mächtige gegrillte Steaks aufgespießt, und es schien, die Kinder würden damit in eine stille Ecke rennen, um die Beute zu verspeisen. Doch der gutsituierte Nachwuchs rannte und rannte wie wild. Später sahen die Gäste, wie einige der Kinder die großen Fleischstücke als Wurfgeschoß benutzten, und als die Erwachsenen dem leckeren Duft des Grills nachgingen, lagen mehrere der gegrillten Steaks – natürlich vom Biometzger – halb im Gras, halb im Matsch. Es hatte am Vormittag geregnet, der Boden war weich, und die Steaks waren nun auf einer Seite knusprig gegrillt und auf der anderen Seite mit matschiger Erde verschmiert. Erstaunlicherweise hatte die Steak-Verschwendung keinerlei Konsequenzen für den Nachwuchs – eine der Mütter eröffnete am nächsten Morgen beim Warten auf den Bus der Privatschule das Gespräch.

»Also da lagen die Biosteaks im Schlamm, und keiner regte sich darüber auf«, sagte sie. »Ist ja irre«, kommentierte die andere. Bestürzung? Entsetzen? Ein mildes Lächeln war die Reaktion. Das Thema war nach einem Tag nur noch gut für einen Lacher an der Bushaltestelle – eigentlich traurig oder?

Dekadenz kommt vom französischen »décadence«; der geschichtsphilosophische Begriff beschreibt Veränderungen in Gesellschaften und Kulturen als Verfall oder Verkommenheit. Der französische Schriftsteller Nicolas Boileau führte im 17. Jahrhundert als Erster die *décadence* als ästhetischen und ethischen Begriff ein. Der Verfall der Sitten war schon damals für kritische Geister ein sicheres Anzeichen für die baldige Auflösung einer Kultur. Es scheint aber so zu sein, dass Dekadenz immer eine Begleiterscheinung der menschlichen Hochkultur oder feudaler Strukturen ist. Das Phänomen, Maßlosigkeit zur Schau zu stellen oder gemeinschaftliche Ressourcen egoistisch zu missbrauchen, war Alltag im alten Rom, im zentralafrikanischen Urwald von »Kaiser« Jean-Bédel Bokassa oder in der kommunistischen Autokratie Rumäniens von Nicolae Ceaușescu.

Die dekadenten Vorgänge, mit denen sich dieses Buch beschäftigt, finden aber heute statt, unter uns, in unseren Häusern. Und fast niemand kann behaupten, dass er nicht zumindest ein kleiner Teil dieser unglückseligen Entwicklung sei.

Die Wegwerfgesellschaft: Warum immer mehr Nahrungsmittel im Müll landen

> *»Unser Planet ist kein Discounter,*
> *in dem man sich nach Belieben bedienen kann,*
> *ohne auf die Konsequenzen zu achten.«*
> Filmemacher Valentin Thurn

Wer die Dekadenz der Wegwerfgesellschaft im großen Maßstab betrachten will, kann dies etwa beim BioWerk Hamburg tun: Eine Schlange von LKWs entlädt hier täglich Berge von Lebensmitteln. Verpackte und unverpackte Waren landen in einem riesigen Bunker der Biogasanlage, in der organische Abfälle in Energie verwandelt werden. In die Anlage wandern die Reste norddeutscher Esskultur – Fischreste aus der Nordsee, Obst aus dem Alten Land, Gurken aus dem Spreewald oder einfach stinkendes Frittenfett, Joghurts, Brot und Milch: insgesamt 20 000 Tonnen pro Jahr. Das Hamburger BioWerk wird mit überlagerten Lebensmitteln gefüttert, die Supermärkte hier bequem entsorgen können. Auch Restaurants, Hotels, Krankenhäuser, Kantinen oder Seniorenheime liefern ihre Abfälle hierher. Gut, dass aus dem Wohlstandsbiomüll zumindest Energie gewonnen wird, denn in den meisten Fällen verrottet das Ungegessene sinnlos im Kühlschrank oder auf der Müllkippe. Als Besonderheit gilt, dass auch verpackte Lebensmittel aufbereitet werden, schreibt der Betreiber BioWerk Hamburg.

Nach der Anlieferung durchlaufen die Abfälle zunächst eine Vorbehandlung: Sie werden zerkleinert und sogenannte Störstoffe wie Verpackungsreste werden abgetrennt. Das pumpfähige Abfallsubstrat gelangt nach einer Hygienisierung in den großen Fermentationsbehälter.

Bei einer Temperatur von 38 Grad Celsius verwandeln Bakterien den Biomüll in Gas. Dieses ist mit einem Methangehalt von circa 65 Prozent ein sehr energiereicher Brennstoff.

Nach der Trocknung und Entschwefelung treibt das Gas einen Verbrennungsmotor in einem Blockheizkraftwerk an – es entsteht elektrische und thermische Energie. Die in der Biogasanlage erzeugte Energie an Strom und Wärme ist deshalb klimaneutral, sie deckt den Energiebedarf von etwa 2500 Haushalten.

Das alles klingt erst einmal nach praktiziertem Umweltschutz und perfektem Recycling. Doch ist es bitter, sich vorzustellen, dass 20 000 Tonnen Lebensmittel dann nur noch ausreichen, um einige hundert Haushalte mit Energie zu versorgen, denn zur Herstellung, Verpackung, dem Vertrieb und der Zubereitung dieser 20 000 Tonnen Brot-Pudding-Bier-Gemüse-Obst-Butter-Wurst-Käse-Saft-Lawine ist ein Vielfaches dessen an Energie aufgewendet worden, was am Ende aus der Hamburger Biogasanlage herauskommt.

Anders gerechnet: Vor jedem dieser Haushalte türmt sich theoretisch jährlich ein Berg von acht Tonnen Speiseresten auf! Diese Essensverwertung ist so effizient, als würde man eine Kuh ein Kuhleben lang durchfüttern, um letztlich nur ihren Kadaver als kläglichen Energielieferanten zu verfeuern – was für eine unverantwortliche Verschwendung von Ressourcen! Es ist also an der Zeit, unser Verhalten bei Einkauf, Zubereitung, Aufbewahrung und Verwertung von Nahrungsmitteln zu überprüfen. Oder etwas programmatischer formuliert: Es ist höchste Zeit für einen Bewusstseinswandel!

Von der Ökonomie und Ökologie des Urmenschen lernen

Die Geschichte von der großen Verschwendung hat leider eine lange Tradition, mit aktuell zunehmender Dramatik. Unsere Vorfahren hingegen waren nicht nur genügsame Zeitgenossen, sondern auch höchst effizient in der Verwendung kostbarer Ressourcen. Von einem erlegten Tier blieb nichts übrig – jedes Stück Fleisch, Fett, Fell oder Knochen wurde als Nahrung, Baustoff, Werkzeug oder Energielieferant geschätzt. Sehr genussvoll beschreibt der Paleo-Experte Loren Cordain die Leckereien der Urmenschen: Sie stürzten sich auf erlegtes Wild und löffelten erst einmal das Hirn aus der Schädelkalotte, denn dies sei das gesündeste Stück vom Wild gewesen – wer isst heute schon noch Hirn? Die bittere BSE-Erfahrung hat das Verbraucherverhalten hier maßgeblich beeinflusst.

Auch das Sammeln beziehungsweise die Ernte von Gemüse und Früchten war eine anstrengende und zeitraubende Aktion für unsere Vorfahren: Es herrschte fast immer und überall Nahrungsmangel. Für alle Teile von Pflanzen und Tieren fanden sich sinnvolle Verwendungen – Abfallberge sind aus der Steinzeit nicht überliefert.

Über 100 000 Generationen waren Menschen Jäger und Sammler, seit etwa 500 Generationen sind wir abhängig vom Ackerbau, kaum zehn Generationen haben seit dem Beginn des Industriezeitalters gelebt – und entsprechend wenig Erfahrung besitzt der Mensch mit dem chronischen Nahrungsüberfluss. Dieser Zahlenvergleich ist keine Entschuldigung für die Maßlosigkeit unserer Zeitgenossen.

Ähnlich wie unsere Vorfahren sind auch die wenigen verbliebenen Naturvölker heute noch wahre Vorbilder im nachhaltigen, ressourcenschonenden Haushalten und Wirtschaften. Erst mit der Spezialisierung, der Sesshaftigkeit, Landwirtschaft und der Turbo-Industrialisierung nahm die Produktion von Abfall dramatisch zu. Je mehr Komfort die elitäre Spitze der Gesellschaft genoss, umso mehr Abfall entstand.

Heute hat sich das Problem teilweise verlagert: Während große Teile des gebildeten Bürgertums zumindest vorgeben, auf eine umweltschonende Lebensweise Wert zu legen, ist in der breiten Bevölkerung die Nahrungsversorgung mit einer beträchtlichen Abfall-Hinterlassenschaft verbunden. Denn industriell vorbereitete und verpackte Billiggerichte ersetzen die Rohwaren, frisches Obst und Gemüse beispielsweise, immer mehr. Mal ganz ehrlich: Kochen Sie noch Tomatensoßen aus den natürlichen Zutaten selbst oder greifen Sie zur Fertigsoße Arrabbiata/Napolitana/Bolognese im Glas?

Wo heute der meiste Abfall entsteht

Wer bei McDonald's ein Big-Mac-Menü und ein Kindermenü bestellt, nimmt einen Abfallberg in Kauf, der kaum auf das Tablett passt. Pappkartons, Einwickelpapiere, Servietten, Becher sind voluminöser als das Futter, das damit verpackt wurde. Wer mit dem Essen fertig ist und den Papppapier-Plastik-Berg zum Container balanciert, kann erahnen, wie viel Energie allein in der Verpackung steckt – vom Wert der üppigen Essensreste, die sich zwischen zerknüllten Pappboxen und Papierservietten und Kunststoffdeckeln verbergen, ganz zu schweigen!

Der skandalöse Hauptakt des globalen Abfalldramas spielt

also in den gutversorgten und wohlgenährten Industriestaaten. Er endet vielleicht in Fastfood-Restaurants, Hotelbuffets, Kreuzfahrtschiff-Essgelagen aber auch in Millionen privaten Küchen, wo unsachgemäß gelagerte Speisen verrotten und massenhaft ungenutzte Nahrung weggeworfen wird. Brezeln, Kuchen, Torten, Brot und Brötchen ergeht es aus anderen Gründen meistens nicht viel besser. Weil der durchschnittliche Backshop im Supermarkt bis zum Ladenschluss um 20 Uhr am besten das gesamte Backsortiment vorhalten sollte, bleibt dort zwangsläufig viel im Regal liegen: 10 bis 20 Prozent aller Backwaren sind als Überschuss eingeplant und landen im Müll. Ein Blick in die Obst- und Gemüseabteilung gefällig? Das volle Sortiment bis 20 Uhr!

Aber das Ärgernis beginnt viel früher: Viele Lebensmittel schaffen es gar nicht so weit, sie gelten schon auf dem Acker als Abfall. Allein aus optischen Gründen erreichen sie nicht die Regale der Supermärkte. Sie werden aussortiert, weil sie der EU-Vermarktungsverordnung nicht genügen. Prominentes Beispiel war über viele Jahre die Salatgurke, die einen definierten Krümmungsgrad nicht überschreiten durfte. Erlaubt waren zehn Millimeter pro zehn Zentimeter Länge. Krumme Gurken waren Ausschuss. Seit 2009 gibt es diese Regelung nicht mehr. Aber einige Gemüse- und Obstsorten wie etwa Äpfel, Paprika, Salatköpfe und Tomaten unterliegen noch immer einem strikten Schönheitsregime, bei dem es nur um die Optik geht. Ein Apfel muss einen Durchmesser von mindestens sechs Zentimetern aufweisen, sonst gilt er als minderwertig – er endet bestenfalls als Kompott oder Apfelmus, viele rollen einfach in den Biomüll.

Laut der UN-Organisation für Ernährung und Landwirtschaft (FAO) wird weltweit rund ein Drittel aller für den menschlichen Verzehr produzierten Lebensmittel weggeworfen. Das entspricht etwa 1,3 Milliarden Tonnen Nahrungsmitteln, die pro Jahr gesät, gepflanzt, geerntet oder gezüchtet und geschlachtet und weiterverarbeitet werden, um dann in der Tonne zu landen. Besonders bitter stößt einem manches Etikett auf: wenn nämlich Äpfel aus Neuseeland, Ananas aus Guatemala und Weintrauben aus Südafrika eine halbe Weltreise hinter sich haben und dann die ganze Packung Früchte ungeöffnet in eine deutsche Mülltonne fliegt.

Spitzenreiter der Nahrungsmittelverschwendung sind die reichen Industrienationen. Hier landen nach Angaben der FAO jedes Jahr pro Kopf 95 bis 115 Kilo Essbares auf dem Müll, in den ärmsten Gegenden Afrikas sind es hingegen nur sechs bis elf Kilo Nahrung. Dieser Zahlenvergleich macht deutlich, wie unterschiedlich groß die Wertschätzung für Nahrungsmittel ist. Oder: wie sehr Not die Wertschätzung hebt und Überfluss sie mindert. Allein in Deutschland, so schätzte die Welthungerhilfe, kommen Jahr für Jahr Lebensmittel im Wert von ungefähr 25 Milliarden Euro auf den Müll.

Besonders dramatisch ist der Anteil von Obst und Gemüse, der zwar gepflanzt, gedüngt, bewässert und geerntet, nur dann nicht mehr verzehrt wird – er liegt, je nach Region, zwischen 37 Prozent (Asien) und über 50 Prozent (Nord- und Südamerika). Über ein Fünftel der Fleischproduktion wird nicht von Menschen gegessen, sondern vermodert irgendwo. Das ist besonders schlimm, da für die Fleischproduktion sehr viel mehr Ressourcen, wie Wasser und Energie, verwendet werden als für die gleiche Menge Obst und Gemüse. 30 bis 50 Prozent des Fischfangs werden nicht verspeist und 10 bis 25 Prozent aller Milchprodukte ebenfalls.

Österreichische Müllforscher haben festgestellt, dass der Abfall mit dem Wohlstand korreliert. Etwa 40 Prozent des Restmülls sind Lebensmittel, oft noch originalverpackt oder nur teilweise verbraucht. Gurken, Joghurts oder Aufbackbrötchen werden gekauft, zwischengelagert und landen vakuumverpackt oder in Schutzatmosphäre im Müll. Das Wiener Institut für Abfallwirtschaft hat bereits in mehreren Studien genau untersucht, wer was wegwirft. Das Restmüllaufkommen schwankt demnach zwischen 110 kg pro Einwohner/Jahr bis zu 404 kg pro Einwohner/Jahr. Und: Ältere Menschen und Arme werfen weniger Lebensmittel weg. Es werden umso weniger Lebensmittel verschwendet, je älter die Konsumenten sind, je niedriger ihre abgeschlossene Ausbildung und je geringer das Beschäftigungsverhältnis (und damit das Einkommen) ist. Die Älteren kennen den Nahrungsmittelmangel der Kriegs- und Nachkriegszeit noch aus eigenem Erleben. Auch die Haushaltsgröße spielt eine Rolle: Einsame Senioren sind also im Durchschnitt vorbildlich, und die junge fünfköpfige Yuppie-Familie, die ihren dicken Geländewagen mit einer Kiste Prosecco Spritz, Vorratspackungen Trüffelspaghetti und weiterer Leckereien vollstopft, erzeugt auch am meisten Restmüll.

Verschwendung auf allen Stufen der Wertschöpfungskette

Bereits bei der Tieraufzucht oder dem Anbau von Kulturpflanzen wird verschwendet, weggeworfen und vernichtet. Die gesamte Wertschöpfungskette vom Acker bis zum Teller ist eine Ansammlung ineffizienten Nahrungsmittelmanagements. Ob bei der Ernte oder Schlachtung, dem Vertrieb oder der Zubereitung von Nahrungsmitteln – permanent fallen immense Lebensmittelabfälle an. Discounter bieten Salatköpfe für neun Cent an. Die Produktionskosten für einen frischen deutschen Kopfsalat betragen aber mindestens 15 bis 17 Cent. Klar, dass der Gemüsebauer dann seinen ungeernteten Salat auf dem Feld gleich wieder unterpflügt, um nicht noch mehr Kosten mit der Ware zu erzeugen. 30 bis 40 Prozent der Kartoffeln oder Karotten werden gleich auf dem Feld aussortiert, weil sie zu klein oder groß oder nicht schön genug sind. Im Handel werden Produkte zum Teil eine Woche vor Ablauf des Mindesthaltbarkeitsdatums aussortiert und weggeworfen, weil Supermarktmitarbeiter nicht wissen, wie mit diesen Produkten zu verfahren ist, oder weil sie sogar Anweisung haben, nur superfrische Sachen in die Auslage zu legen.

Und auch in den Privathaushalten werden enorme Mengen an Lebensmitteln weggeworfen – zu knapp einem Drittel sogar ungeöffnet und unberührt. Grund dafür sind Fehlplanungen, unsachgemäße Lagerung, zu große Handelspackungen und verlockende Schnäppchen. Aber auch die Unkenntnis über die Bedeutung des Mindesthaltbarkeitsdatums, so bedauern Experten, vergrößert die Biomülllawine.

Wissenschaftler haben im Auftrag der Welternährungsorganisation FAO herausgefunden, dass der größte Teil des Nahrungsmittelabfalls in den wohlhabenden Staaten beim Verbraucher zu Hause entsteht, indem Essen schlicht verdirbt: Amerikaner und Europäer werfen pro Person im Schnitt rund 100 Kilogramm Lebensmittel im Jahr weg. Allerdings geht auch in den Entwicklungsländern schon viel verloren. Dort kommen mitunter bis zu 80 Prozent der Ernte (Quelle: Zeit.de) erst gar nicht beim Kunden an. Feuchtes Klima, falsche Lagerung, Transportschäden und fehlende Verpackungen bringen die bäuerlichen Kleinbetriebe um ihr karges Einkommen. Diese sogenannten Nachernteverluste sind so groß, dass sie allemal ausreichen würden, den Hunger auf der Erde zu beenden.

Auch die Ursachen für den Verlust von Nahrungsmitteln unterscheiden sich: In reichen Ländern werfen die Endverbraucher zu viel Essen weg, unter anderem wegen übertriebener Vorsicht beim Haltbarkeitsdatum. Zudem kritisiert die FAO Überproduktion als Folge falscher Subventionsanreize sowie zu hoher Qualitätsstandards. In armen Ländern sind Mängel bei der Ernte, Lagerung und Kühlung die Hauptursachen. Hier setzt die FAO ihre Hoffnungen auch auf die Verpackungsindustrie. Die Studie basiert auf Erhebungen, die das schwedische Institut für Lebensmittel und Biotechnologie weltweit entlang der Lieferkette durchgeführt hat. Sie wurde zur Interpack 2011 in Düsseldorf veröffentlicht.

Die unmoralische Wegwerflawine könnte man durch eine sinnvolle Weiterverwendung als Tierfutter in höherem Umfang als bisher zumindest ein wenig verringern. Doch seit einigen Jahren – nach der traumatischen BSE-Erfahrung – wird dies in Europa sehr rigide gehandhabt. Es gibt das sogenannte Verfütterungsverbot für Abfälle, die eigentlich noch als Futtermittel aufbereitet werden könnten. So könnten viele Essensreste und Lebensmittelabfälle – nach entsprechender hygienischer Behandlung – als Futter für Schweine und Geflügel verwendet werden. Studien ergaben, dass in der EU jährlich etwa fünf Millionen Tonnen Getreide eingespart werden könnten, wenn man das Recycling zu Tierfutter konsequent betreiben würde. In Japan beispielsweise ist das die Regel – das ressourcenarme Land hat die Weiterverwertung von Essensabfällen perfekt organisiert und spart so enorme Mengen an Rohstoffen für die Herstellung von Hunde-, Katzen- oder sonstigem Tierfutter. Bei uns wird hingegen viel Getreide extra für die Verarbeitung zu Tierfutter angebaut. Allein für die Schweinemast müssen hunderttausende Tonnen Getreide (Mais, Soja und andere) auf zehntausenden Hektar Ackerland angebaut werden.

Da diese Weiterverwertungsmöglichkeit fehlt, bleibt manchem deutschen Bäcker nichts anderes übrig, als getrocknete Brotreste in den Ofen zu werfen. Denn der Brennwert von trockenen Backwaren ist fast so hoch wie der von Holz. Und so verbrennen täglich Tonnen von Brot, anstatt verzehrt zu werden.

Hunger oder Überfluss? Ein Verteilungsproblem

> *»Ich muss oft entscheiden, wer essen darf:*
> *ich oder mein Sohn«,* klagt eine arme Frau
> aus der Ukraine in der Weltbank-Studie
> *Voices of the Poor*

In allen Regionen der Erde wird Essen verschwendet. Einige Handelsketten haben das Problem erkannt, berichtete die Online-Ausgabe von DIE ZEIT im August 2011. Die Metro-Gruppe schule seit über zehn Jahren Lieferanten aus Entwicklungs- und Schwellenländern, um Hygienestandards einzuhalten sowie Transport und Logistik zu optimieren. Die Verluste nach der Ernte konnten um 40 Prozent reduziert werden, sagte Jürgen Mattern, der Metro-Experte für Nachhaltigkeit und Qualitätsmanagement. Manchmal helfe es bereits, Bauern darauf aufmerksam zu machen, dass der Esel nicht neben dem Berg von Gemüse geparkt werden sollte. Die Metro-Gruppe arbeite überall mit lokalen Experten zusammen, um auf landestypische Besonderheiten eingehen zu können.

In Erdteilen mit niedrigem Einkommen (etwa in Afrika) geht

Essen meist während der Produktion, des Transportes und der Lagerung verloren – es existieren einfach nicht das Know-how und die Kühltechnik, um Nahrungsmittel frisch zu halten! Der Anteil der Nahrungsmittel, die beim Verbraucher landen, aber letztlich nicht verzehrt werden, ist in Entwicklungsländern verständlicherweise gering. Viele Menschen in der Dritten Welt haben ein Einkommen von weniger als fünf Euro am Tag. Denn Menschen in armen Ländern geben bis zu 80 Prozent ihres Einkommens für Nahrungsmittel aus.

Aber kein Mensch in unserer Epoche müsste an Hunger leiden. Nahrung, so behauptet sogar die Welthungerhilfe, gäbe es genug. Global können derzeit ausreichend Nahrungsmittel produziert werden, um alle sieben Milliarden Menschen zu ernähren. Als die Spiegel-TV-Reporterin Maria Gresz eine Fernsehreportage zum Thema Ernährung & Verschwendung vorstellte, sagte sie: »Das Essen, das wir in Europa wegschmeißen, würde ausreichen, um alle Hungernden der Welt zweimal zu ernähren.« Während ihrer Worte kippt ein gewaltiger Laster hinter ihr eine riesige Speiserestelawine in einen Trichter. Drastischer hätte die Reporterin die Problematik und Dekadenz nicht illustrieren können.

Trotz jahrzehntelanger gutgemeinter Entwicklungshilfe ist der Nahrungsengpass in der Dritten Welt nicht behoben. Statt eine solide landwirtschaftliche Selbstversorgung anzustreben, setzten viele Länder kurzsichtig auf einträgliche Industriepflanzen und sind jetzt von Importen abhängig. Wenn man in Westafrika eine Kühltruhe im Supermarkt öffnet, ist diese meist gefüllt mit tiefgefrorenen Hühnern und Fischstäbchen aus Europa. Oft ist es jedoch nur eine Preisfrage, die sich am Weltmarkt orientiert – viele Menschen können sich die teuren Nahrungsmittel schlicht nicht mehr leisten. Denn nicht nur in Europa, auch in Entwicklungsländern sind in jüngster Zeit die Preise für Nahrungsmittel erheblich gestiegen. Im Jahr 2009 litten nach Angaben der Ernährungs- und Landwirtschaftsorganisation der Vereinten Nationen (FAO) 1,02 Milliarden Menschen unter Hunger und Unterernährung – ein Siebentel der Menschheit, das sind mehr Menschen, als insgesamt in der Europäischen Union, in den USA, Kanada und Japan wohnen. Die Non-Profit-Organisationen Oxfam und Foodwatch gehen davon aus, dass vor allem Spekulationen mit Nahrungsmittelprodukten an den Warenterminbörsen zu den weltweiten Preissteigerungen und letztlich zu der ungerechten Verteilung der Lebensmittel führen.

Im Jahr 2050 dürften neun Milliarden Menschen die Erde bevölkern. Um alle satt zu bekommen, müssten die Ernteerträge und die Effizienz bei der Verteilung drastisch steigen. Land, Wasser und Energie sind aber nicht beliebig vermehrbar. Daher sei es effizienter, die Verluste in der Wertschöpfungskette zu verringern, als noch mehr zu produzieren, meinen auch FAO-Experten. Zumindest kann der künftig erforderliche Produktionszuwachs dadurch reduziert werden.

In Wohlstandsländern müssen die Menschen auch heutzutage nur einen geringen Anteil ihres Einkommens für Lebensmittel ausgeben. Essen und Trinken ist meistens erstaunlich billig – zu billig? In den USA, Europa oder Japan entstehen Verluste, weil die Produktion die Nachfrage übersteigt. Um Lieferungen mit vereinbarten Mengen selbst bei größten Katastrophen zu gewährleisten – auch bei unvorhersehbaren Schlechtwetterperioden, lang anhaltender Trockenheit, Überschwemmungen oder regionalem Schädlingsbefall –, müssen Bauern und Agrarindustrie ihre Produktionspläne mit großen Sicherheitspuffern auslegen, oder es wird einfach deutlich mehr auf dem Weltmarkt geordert, als eigentlich nötig ist. Zwangsläufig kommt es so zur Überproduktion riesiger Mengen an Getreide, Fleisch und Milchprodukten, die dann wieder vernichtet werden. Erinnern Sie sich noch an den »Butterberg«, den »Milchsee« oder Zugladungen von Orangen, die einst ins Meer gekippt wurden?

Diese Überschüsse gibt es immer noch, aber sie werden nicht mehr so ungeniert entsorgt wie in den 1970er, 80er und 90er Jahren. Die Überschüsse liegen heute fein verteilt bei Ihnen zu Hause im Kühlschrank, im Küchenschrank oder noch im Supermarkt. Dort wird planmäßig zu viel gehortet, zu viel angeboten und nur ein Teil davon letztlich verkauft und verzehrt. Jeder Lebensmittelexperte weiß, dass Läden heute bis 19.45 Uhr frisches Obst und Gemüse auftischen und möglichst alle Brotsorten vorhanden sein müssen, um nicht den Eindruck zu erwecken, dass gleich geschlossen wird. Ein Mitarbeiter eines süddeutschen Supermarktes sagte einem der Buchautoren im Jahr 2011: »Erdbeeren sind zum Beispiel enorm wichtig. Die sollte jeder Markt das ganze Jahr haben. Die müssen morgens schon dastehen und wenn wir zuschließen, auch.« Erdbeeren sind für die Kunden so etwas wie ein Symbol für permanent superfrische Ware. Auch wenn sie diese nicht kaufen, gehören sie zur Erwartungswelt des Supermarktes. Kein Wunder: Nach einem Tag kann man die Dinger wirklich wegwerfen, wenn man sie nicht kühlt.

Der 1000-Euro-Schatz in Ihrer Küche

Bundesverbraucherministerin Ilse Aigner legte im Frühjahr 2012 eine Studie über Lebensmittelabfälle in Deutschland vor. Forscher der Universität Stuttgart kommen darin zu dem Ergebnis,

Die Foto-Karotten aus Yorkshire

Als Recherche für sein Buch *Für die Tonne: Wie wir unsere Lebensmittel verschwenden* besuchte der Autor Tristram Stuart mehrere britische Farmen, um zu verstehen, wie extreme Qualitätsstandards zu einer Lawine von Speiseresten führen. Unter anderem besuchte Stuart eine Karottenfarm in Yorkshire, die ein führender Zulieferer britischer Supermarktketten ist. Die Bauern zeigten dem Autor große Mengen aussortierter Möhren, die als minderwertig deklariert waren. Aber wo waren die Mängel? Vor Stuart lagen hunderte Kilo feinster Karotten, allerdings mit einer leichten Krümmung. In der Verpackungshalle durchliefen alle Karotten fotografische Sensortestgeräte, die jedes Möhrchen mit nur geringsten Mängeln aussortierten. Karotten, die nicht orange leuchteten, die nicht den Standardmaßen entsprachen oder eine Krümmung aufwiesen, wanderten in einen Viehfutterbehälter. Ein Mitarbeiter erklärte, dass alle Karotten absolut gerade sein müssten, damit die Kunden sie in der ganzen Länge einfach schälen könnten. Dies sei eine klare Vorgabe der Supermarktkette. Insgesamt gerieten so 25 bis 30 Prozent aller geernteten Möhren zu Ausschuss. Dieser Berg wunderbarer Karotten landet täglich in der Tierfutterfabrik.

dass Industrie, Handel, Großverbraucher und Privathaushalte jährlich knapp elf Millionen Tonnen Lebensmittel als Abfall entsorgen. Laut Studie entstehen immerhin 61 Prozent dieser Lebensmittelabfälle in den Privathaushalten, jeweils 17 Prozent bei Großverbrauchern wie Gaststätten oder Kantinen sowie bei der Industrie. Einige Experten bezweifeln die Relevanz dieser Zahlen – womöglich kommen der Handel und die Industrie dabei zu gut weg, und die Landwirtschaft fehlt völlig. Die von Aigner engagierten Wissenschaftler schreiben selbst: »Eine Quantifizierung der in der Lebensmittelindustrie deutschlandweit insgesamt anfallenden Lebensmittelabfälle war aufgrund der niedrigen Rücklaufquote bei den Datenerhebungsbögen nicht möglich.« Denn von 1150 angeschriebenen Unternehmen antworteten nur 50, und 44 konnten letztlich verwertbare Daten liefern – die Mehrzahl reagierte gar nicht!

Kritik an dieser mageren Zahlenbasis äußert auch der Filmemacher Valentin Thurn (siehe Interview S. 34). Von den Privathaushalten werden laut der Aigner-Studie bundesweit jedes Jahr rund 6,7 Millionen Tonnen Lebensmittel entsorgt. Im Schnitt wirft also jeder Bundesbürger pro Jahr 81,6 Kilogramm weg. 65 Prozent dieser Lebensmittelabfälle wären völlig oder zumindest teilweise vermeidbar. Der Wert der vermeidbaren Lebensmittelabfälle wird pro Kopf auf jährlich 235 Euro geschätzt. Bei einem Vier-Personen-Haushalt summiert sich der Betrag im Durchschnitt pro Jahr auf rund 940 Euro. Da die meisten Leser dieses Buches eher zum besser verdienenden Teil der Gesellschaft gehören, summiert sich der Wert ihres Essensabfalls auf deutlich über 1000 Euro pro Jahr. Auf Deutschland hochgerechnet beläuft sich die vermeidbare Essensmenge auf eine Summe von etwa 21,6 Milliarden Euro pro Jahr. Am häufigsten auf dem Müll landen Gemüse und Obst – sie machen 44 Prozent aller vermeidbaren Lebensmittelabfälle in Privathaushalten aus. »Wir leben in einer Überfluss- und Wegwerfgesellschaft. In Deutschland und Europa wird viel zu viel weggeworfen, wertlos gemacht, vernichtet. Jeder von uns kann seinen Beitrag leisten, die Verschwendung wertvoller Ressourcen zu stoppen. Es ist Zeit für einen Bewusstseinswandel – und für mehr Wertschätzung für unsere Lebensmittel«, sagte Bundesverbraucherministerin Aigner in Berlin. Unter dem Titel *Zu gut für die Tonne* startete das Bundesministerium für Ernährung, Landwirtschaft und Verbraucherschutz (BMELV) im März 2012 eine breit angelegte Informationskampagne für Verbraucher. Aigner: »Wir wollen den Menschen nützliches Wissen und praktische Tipps vermitteln über den Umgang mit Lebensmitteln – vom Einkauf über die richtige Lagerung bis hin zur Verarbeitung in der Küche.« Dem können sich die Autoren des Buches nur anschließen. Unser Anliegen ist es, Ihnen die wichtigsten Informationen und aktuellsten Erkenntnisse zu vermitteln, damit Sie auf der besten Datenbasis entscheiden können, wie sinnvoll manche Verhaltensweisen sind. Vielleicht hinterfragen auch Sie, wie moralisch und zeitgemäß unser Anspruchsdenken ist, wenn es etwa um die grenzenlose Verfügbarkeit und das (perfekte?) Aussehen von Nahrungsmitteln geht.

Taste the Waste, ein Film als Trendsetter

Der deutsche Filmemacher Valentin Thurn zeigte bereits im Jahr 2011 in seinem spektakulären Kinofilm *Taste the Waste* den alltäglichen Wahnsinn in der Lebensmittelbranche: Supermärkte, die massenhaft genießbare Waren entsorgen. Gurken, Möhren und Kartoffeln kommen gar nicht erst in die Regale, weil sie optische Vorgaben nicht erfüllen. Mehr als die Hälfte unserer Nahrung landet im Müll, allein in Deutschland werden jährlich 500 000 Tonnen Brot weggeworfen, wie Thurn recherchierte. Doch genau das Wegwerfen ist elementarer Bestandteil des Geschäftsmodells der Supermarktriesen, kritisiert Thurn, es scheine sich zu rechnen. Die kühle Kalkulation: Im Preis jedes Joghurtbechers sei bereits der Preis eines weiteren eingerechnet, der in der Regel aber weggeworfen wird. Thurn: »Das industrielle System führt zu einer Entwertung der Lebensmittel.« Thurn traf Supermarktfilialleiter, die ihm klarmachten, wie wichtig es sei, bis zum Ladenschluss immer alles vorrätig zu haben. Frische Ware, die kurz vor dem Ablaufdatum stehe, müsse prinzipiell raus. Doch in der Praxis sind es oft drei oder gar fünf Tage: Supermarktmitarbeiter fahren dann mit dem Einkaufswagen durch die Regale und sortieren alles aus, was in den nächsten Tagen fällig wird, weil das angeblich niemand mehr kaufen würde. Den Kunden sollten nur die frischesten Äpfel, Birnen und Zucchini präsentiert werden. Gemüse und Früchte, die leicht verderben, wie etwa Erdbeeren, werden teilweise schon nach einem Tag entfernt. Im günstigsten Fall landet die Ware bei Suppenküchen oder regionalen Tafeln. Aber so viele Bedürftige gebe es gar nicht, wie weggeworfen wird, sagt Thurn.

Interview mit Valentin Thurn: »Einmal wurden wir verhaftet«

Mit dem Kinofilm *Taste the Waste* und seiner TV-Reportage gelang Valentin Thurn ein überraschender Erfolg – er brachte ein überfälliges Thema auf die Tagesordnung von Politik und Industrie und riskierte einiges, um an spannende Bilder zu kommen.

Wie kamen Sie auf die Idee, einen Kinofilm über die Nahrungsmittelverschwendung zu drehen?
THURN: Es begann mit einer Filmreportage über Mülltaucher – das war vor einigen Jahren ein völlig neues Phänomen, dass Leute

am Abend die Müllcontainer von Supermärkten nach Essbarem durchforsten. Sie tun das nicht etwa aus aktueller Not, sondern aus Überzeugung. Ich fand das interessant und habe recherchiert. Dabei stellt sich heraus, dass es für Deutschland keine validen Zahlen gab, wie viel Essbares auf dem Müll landet. Das Ausmaß der Verschwendung war mir sowie vielen anderen und auch den Experten nicht bewusst, und die Mülltaucher haben mir die Augen für das Problem geöffnet.

Das ist ein Thema, auf das Handel und Industrie schnell gereizt reagieren. Wie problematisch war das Drehen des Films?

THURN: Es wird nicht gern darüber gesprochen, das ist schlecht fürs Image. Informationen werden zurückgehalten, Interviewanfragen nicht beantwortet und Genehmigungen für Dreharbeiten, die belegen, wie Supermarktangestellte die Lebensmittel in Container werfen, bekommt man natürlich auch nicht. Ganz im Gegenteil wird dreist behauptet: Wir werfen nichts weg! Einmal wurden wir verhaftet, als unser Kameramann gerade dabei war, einen Hinterhof auszuleuchten. Da hat der Supermarktchef das Tor zur Straße geschlossen und die Polizei gerufen. Erst nach langwierigen Verhandlungen ließ die Polizei uns frei. Die Filmsequenz dürfen wir nicht zeigen und den Namen des Supermarktes nicht nennen. Das war die Bedingung des Supermarktes, damit er die Anzeige zurückzog.

Was war das drastischste Bild, das Ihnen vor die Linse kam?

THURN: Es gibt in Europa unzählige Riesenhallen, in denen jeweils tausende Tonnen Brotberge aufgehäuft werden – daraus entsteht dann Tierfutter. Das tut wirklich weh. Das ist Verschwendung im größten Maßstab. Und es ist nicht so, dass man als Journalist abstumpft. Genauso schlimm finde ich natürlich die gigantischen Abfalllawinen, die in den Biogasanlagen verbrannt werden.

Welchen Einfluss hatten auf Sie die Reportagen der Orangenberge, die in den 1970er und 80er Jahren im Meer versenkt wurden?

THURN: Solche Bilder prägen das Bewusstsein – gerade von Kindern. Bei mir waren es auch die Erzählungen meiner Eltern und Großeltern, die in den Kriegswirren Hunger litten. Ein Teil davon verhungerte regelrecht im Lager. Das verändert den Blick auf den Wert einer Kartoffel oder eines Stückes Brot.

Was haben Ihre Filme und Ihr Buch bewirkt?

THURN: 120 000 Menschen sahen meinen Kinofilm, mehrere Millionen den TV-Film *Frisch auf den Müll.* Wir haben es geschafft, dieses Thema nach vorne zu bringen. Wir sind auf unzähligen Veranstaltungen, Talkshows, diskutieren mit Politikern, Forschern und Leuten aus der Industrie. Film und Buch waren vielleicht der Startschuss zu einer Bewusstseinsänderung. Ich freue mich wahnsinnig, wenn ich höre, dass junge Menschen ein Kartoffel-Kombinat gegründet haben, das sich für nachhaltiges Landwirtschaften einsetzt. Es gibt nun schon mindestens zwei Dutzend solcher Initiativen in Deutschland.

Sind die Aktionen von Politik, Industrie und Handel überzeugend, oder verbirgt sich dahinter Aktionismus?

THURN: Die große Studie der Verbraucherministerin Ilse Aigner geht in die richtige Richtung. Frau Aigner hat auch wirklich schnell gehandelt. Man sieht an dieser Studie aber, wie groß die Unwissenheit der Forscher gewesen ist, da es ihnen nicht gelungen war, aus dem Bereich des Handels verlässliche Zahlen und Daten zu erhalten. Laut Studie fallen zwischen 450 000 und 4,5 Millionen Tonnen Nahrungsmittelabfälle pro Jahr an. Das heißt, die Ergebnisse der Studie schwanken um den Faktor 10! Eine weitere Schwäche der Studie ist, dass sie auch Zahlen aus der Landwirtschaft nicht mit einbezieht – gerade auch da fallen gewaltige Abfallmengen an. Die Kernaussage, dass 61 Prozent des Lebensmittelmülls bei den Verbrauchern entstehen, ist also ziemlich vage, weil große Mengen durch das Studiendesign nicht berücksichtigt wurden.

Bei den großen Supermarktketten, da sehe ich noch erheblichen Handlungsbedarf – in England sind die Konzerne schon weiter und unternehmen wirklich viel, um die chronische Verschwendung von Nahrungsmitteln auf allen Ebenen zu minimieren.

Was sollte geändert werden?

THURN: Die Regelung der Kennzeichnung von Haltbarkeits- und Verbrauchsdatum ist halbherzig. Das Verbrauchsdatum sollte groß und am besten in Rot auf allen riskanten Nahrungsmitteln abgedruckt werden. Bei Produkten, die kein Gesundheitsrisiko in sich bergen, könnte man das MHD auch gleich weglassen.

Am wichtigsten finde ich aber, dass Verbraucher eine andere Haltung zu Nahrungsmitteln einnehmen: Wir müssen uns bewusst sein, dass die Nahrungsmittel eine extrem hohe Wertschätzung genießen müssen – es sind keine Wegwerfartikel, die im Müll landen, wenn wir sie nicht mehr brauchen.

Verraten Sie uns Ihr bestes Resterezept?

THURN: Mein Grundprinzip ist, erst einmal im Kühlschrank nachzusehen, was gerade so an Resten übrig ist oder was vom Gemüse demnächst fällig wird. Eine Mischung aus süß, sauer und scharf gibt einen guten Salat. Aber auch andere Speisen wie Risotto oder Pizza sind klassische Resterezepte.

Die krumme Gurke und der Bilderbuch-Apfel

Taste the Waste zeigt drastisch, wie die Absurdität bereits auf dem Feld beginnt: In Deutschland wird laut Thurn knapp die Hälfte der Kartoffeln aussortiert, weil die Erdfrüchte optisch nicht den Vorgaben des Handels genügen. Die Supermarktketten behaupten, die Konsumenten wünschten nur einwandfreie, optisch erstklassige Ware. »Ich bezweifle«, meint Thurn, »dass die Kunden mit einer ungewöhnlichen Kartoffelform oder einer krummen Gurke ein wirkliches Problem hätten.«

Sind die Politiker schuld? Das ist wohl etwas zu kurz gedacht. Oft werden die EU-Bürokraten für die Normen und deren Folgen verantwortlich gemacht. Wenn die Europa-Politiker in Brüssel wie bei den berühmt-berüchtigten Gurken eine Norm streichen, ist das Problem noch längst nicht gelöst. Der Großhandel hält an dieser praktischen Gleichmacherei nur allzu gern fest. Aus Kaufmannssicht logisch: Nur gerade Gurken lassen sich platzsparend und automatisiert verpacken und verfrachten. Die Effizienz industrieller Prozesse ist immer das schlagende Argument, es geht eben um sehr viel Geld.

Durch die Normierung von Nahrungsmitteln verlernen die Kunden auch, wie unterschiedlich Gemüse und Obst aussieht, wie es schmecken und duften kann, wie man es richtig lagert und zubereitet. Letztlich sei es auch eine Frage der Erziehung und später der Gewohnheit, meint der Journalist Thurn »ob man als Käufer auch zu Gemüse greift, das optisch nicht ganz perfekt ist«. Wer einmal auf den glänzend roten Bilderbuch-Braeburn-Apfel aus Übersee konditioniert ist, wird sich nur schwerlich für den schrumpeligen Bio-Boskoop-Apfel entscheiden, der noch vor wenigen Jahren den Großteil der angebotenen Äpfel ausmachte.

Eine Forsa-Umfrage lieferte erstmals Erkenntnisse über das Wegwerfverhalten deutscher Konsumenten: 84 Prozent der Deutschen werfen Lebensmittel weg, weil das Haltbarkeitsdatum abgelaufen oder die Ware verdorben ist. 19 Prozent nennen zu große Packungen als Hauptgrund. 16 Prozent der Bürger werfen Lebensmittel weg, weil sie ihnen nicht schmecken. Und rund ein Viertel gibt an, zu viel gekauft zu haben. In der Umfrage geben 58 Prozent an, dass in ihrem Haushalt regelmäßig Lebensmittel weggeworfen werden. 69 Prozent der Bürger haben beim Wegwerfen von Lebensmitteln ein schlechtes Gewissen. »Lebensmittel sind wertvoll – wir sollten sie mehr schätzen. Zwar sind bei uns Produktionsverfahren und Systemabläufe so weit optimiert, dass vergleichsweise wenig Verluste auftreten. Aber wenn ich sehe, was etwa im Handel alles weggeworfen wird, dann ist das erschreckend«, kritisiert selbst Bundesministerin Ilse Aigner.

Verwertbare Ressourcen

*Eigentlich wird ja genug Nahrung auf dem
Planeten erzeugt ...*

Sind Politik, Industrie und Handel aufgewacht?

Die Verbraucherministerin Aigner erkannte die Dramatik des
Problems spätestens an dem Pressewirbel um den Film *Taste the
Waste,* der ja nicht mit Vorwürfen an die Verantwortlichen spart.
Der Handel sei gefordert, seinen Kunden mehr Informationen
über den verantwortungsbewussten Umgang mit Lebensmitteln
anzubieten und gleichzeitig zu prüfen, mit welchen Stellschrau-
ben und Maßnahmen eine weitere Reduzierung der Wegwerf-
raten erreicht werden kann – sowohl im Handel selbst als auch
bei den Verbrauchern, forderte Aigner nun. Die Bundesregierung
werde sich auf EU-Ebene weiter mit Nachdruck für die Abschaf-
fung wenig sinnvoller Vermarktungsnormen und deren staatli-
cher Kontrolle einsetzen. 26 von insgesamt 36 Vermarktungsnormen für Obst und Gemüse seien bereits abgeschafft worden.
»Aber hier dürfen wir nicht stehenbleiben. Die zehn noch beste-
henden Vermarktungsnormen, etwa für Tomaten, Salat, Äpfel,
Erdbeeren und Pfirsiche, passen nicht mehr in die Zeit. Irgendwelche Normen dürfen kein Vorwand sein, Agrarprodukte unter-
zupflügen oder einfach wegzuwerfen«, so Aigner. Natürlich sind
Normen andererseits im gemeinsamen Markt erforderlich, zum
Beispiel um sicherzustellen, dass dem Verbraucher die erwarte-

te Qualität geboten wird. Sie haben eine wichtige Funktion beim Schutz vor Täuschungen und Übervorteilungen, aber sie dürfen keine überzogenen Forderungen nach Vereinheitlichung biologisch erzeugter Produkte enthalten. Zudem setzt sich die Bundesregierung für eine europaweite Bioabfallrichtlinie ein, um die Verwertung der Abfälle EU-weit zu verbessern. Aigner: »Wenn schon Lebensmittel weggeworfen werden, sollten sie wenigstens so sinnvoll wie möglich verwertet werden, etwa über Biogas oder Kompost. Deutschland nimmt hier bereits eine führende Rolle ein.« Das Bundesministerium will darüber hinaus regionale und direkte Vermarktung stärken. Aigner erklärte: »Die Regionalvermarkter zu stärken, bedeutet: kürzere Transportwege, weniger Transportschäden, weniger Verlust.«

Gute Beispiele aus Handel und Industrie

Als ein besonders engagierter Vordenker einer nachhaltigen Ernährung gilt Karl Ludwig Schweisfurth. Ganz schlicht steht nur »Metzgermeister« als Berufsbezeichnung auf dem Briefkopf des Diplom-Kaufmanns und Unternehmers. Geboren wurde Schweisfurth in Herten, wo sein Großvater das nach der Stadt benannte Metzger-Unternehmen Herta gegründet hatte. Karl Ludwig baute die Firma zur Fabrik um und expandierte, bis er Herta Wurst zu einem der größten Konzerne dieser Branche in Europa gemacht hatte. Mitte der 1980er Jahre stieg Schweisfurth aus dem Unternehmen aus, verkaufte den Konzern und steckte das Geld in Bio-Öko-Projekte. Auf dem Gut Herrmannsdorf östlich von München begann er, Schweine nach den Grundsätzen der ökologischen Landwirtschaft zu halten. Diese ursprüngliche

Die Save-Food-Studie

Die Firma Cofresco, spezialisiert auf Haushaltsfolien, konnte schon vor der Ministerin Ilse Aigner mit konkreten Zahlen auch für Deutschland aufwarten. Laut der Cofresco-Save-Food-Studie werfen Privathaushalte hierzulande jährlich Lebensmittel im Wert von 25 Milliarden Euro in den Müll, dies sind mehr als 20 Prozent der erworbenen Lebensmittel.

Die wichtigsten Ergebnisse der Save-Food-Studie:

- Durchschnittlich könnten mehr als 50 Prozent des Essensabfalls vor der Entsorgung bewahrt werden. Bei besserer Planung und Aufbewahrung hätten diese Lebensmittel noch verzehrt werden können und wären somit dem Abfall entgangen.
- Circa 30 Prozent aller eingepackten Lebensmittel werden ungeöffnet bzw. gänzlich unberührt weggeworfen.
- Obst und Gemüse machen mit fast 50 Prozent den größten Teil an weggeworfenen Lebensmitteln aus. An zweiter Stelle liegen Reste selbstgekochter Mahlzeiten oder von Fertiggerichten.
- Verbraucher unterschätzen stark die Menge der von ihnen produzierten Abfälle: Die Deutschen schätzen den Anteil der von ihnen weggeworfenen Nahrungsmittel auf lediglich 6 Prozent, dabei wandern in Wahrheit 21 Prozent der in Deutschland erworbenen Lebensmittel in den Abfall.

Die Save-Food-Studie führte aber auch zu einem erfreulichen Ergebnis. Die Bereitschaft zu einem Ressourcen schonenden Verhalten ist bei den befragten Verbrauchern auf jeden Fall sehr hoch: Mehr als 90 Prozent der Deutschen sind überzeugt, dass sie durch einen bewussten Umgang mit Lebensmitteln dazu beitragen können, das Aufkommen an vermeidbarem Lebensmittelabfall zu reduzieren.

Der Wille ist also theoretisch vorhanden. Wie schwierig allerdings die Umsetzung der guten Absicht in die Realität ist, weiß auch Dr. Marion Haccius, die Nachhaltigkeitsexpertin des Biolabels Alnatura. Sie besuchte im Herbst 2011 die Veranstaltung »Teller statt Tonne« auf dem Stuttgarter Schlossplatz. Angesichts des gedankenlosen Umgangs der Veranstaltungsteilnehmer mit dem über ein Catering angebotenen Essen war sie überrascht: »Ich beobachtete«, schrieb Haccius im Firmenmagazin, »dass jeder zehnte Esser, der sich das Brot zum sehr leckeren, frisch zubereiteten warmen Gemüseeintopf selbst genommen hatte, es nur angebissen oder sogar völlig unberührt in die Abfalltonne gehen ließ. Wohlgemerkt: Es handelte sich um eine Veranstaltung, die auf den Missstand aufmerksam machen wollte, dass wir zu viel Essen wegwerfen.« Im täglichen Umgang mit unserer Nahrung fehlt selbst den Sensibilisierten ganz offenbar der Zugang zur praktischen Umsetzung der Theorie. Oder kurz: Der Geist ist auch bei diesem Thema stark, aber das Fleisch ist besonders schwach!

Erfahrung veränderte die Weltsicht des Fleischkonzern-Besitzers radikal: »Mir war schlagartig klar, dass Fleisch von derart gequälten Tieren keine lebensfördernde Nahrung für uns Menschen sein kann«, soll er damals gesagt haben. Seither widmet er sich der von ihm gegründeten Stiftung und den Herrmannsdorfer Landwerkstätten. Mit ihren Stallungen, der Schlachterei und Fleischerei, einer Bäckerei, Molkerei und Käserei, einer Brauerei, dem Hofladen mit Biergarten und Gasthof gelten die Herrmannsdorfer Landwerkstätten heute als Pionierbetrieb der natürlichen, artgerechten und nachhaltigen Lebensmittelherstellung im großen Maßstab. Schweisfurths Reich verbindet einen konsequenten Biobetrieb, zu dem auch eine Biogasanlage und eine Kläranlage gehören, mit dem Ziel der Wirtschaftlichkeit. Da darf man sich nicht wundern, wenn eine mittelgroße Schweinebratenportion im Gasthaus 17 oder 18 Euro kostet – das ist halt der realistische Preis.

Der Schwerpunkt der Arbeit der Schweisfurth-Stiftung: eine gerechte, nachhaltige und verantwortungsbewusste Land- und Lebensmittelwirtschaft zu fördern. Dazu gehören sämtliche Themen rund um die Herstellung, Verarbeitung und Verteilung unserer Lebensmittel, angefangen bei einer ökologischen und handwerklichen Produktion von Nahrungsmitteln bis hin zu Fragen der Ernährungsgerechtigkeit.

Die Themen Nachhaltigkeit, Kampf gegen Verschwendung und Ressourcenschonung müssen auch noch viel stärker in die Lebensmittelindustrie einfließen. Denn eines ist klar: Die Ernährung, sowohl bei uns als auch weltweit, lässt sich ohne eine industrielle Fertigung von Lebensmitteln nicht sichern; sie bleibt die hauptsächliche Form der Versorgung mit Nahrungsmitteln. Auch einige der großen Handelsketten haben das Problem erkannt und sind aktiv geworden. So schult etwa die Metro-Gruppe Lieferanten darin, Hygienestandards einzuhalten, womit die Nahrungsmittelverluste um bis zu 40 Prozent reduziert worden seien. Die niederländische Handelskette Jumbo Supermarkten hat ein Kundenspiel initiiert, um Lebensmittelabfälle zu verringern. Die Spielregel lautet: Jeder Kunde, der ein Produkt nach Ablauf oder am Tag des Ablaufs des Mindesthaltbarkeitsdatums im Regal findet, darf es kostenlos mitnehmen. Die Aktion des Supermarktes sensibilisiert Verbraucher, sich intensiver mit der Thematik des Mindesthaltbarkeitsdatums zu beschäftigen, und reduziert den Lebensmittelabfall in den Märkten. Bei der Supermarktkette Billa aus Österreich gibt es eine ähnliche Aktion unter dem Namen »Frisch oder gratis«-Garantie.

Einige Supermärkte in den USA und England verkaufen ausschließlich unverpackte Produkte. Die Kunden werden aufgefordert, ihre eigenen Behälter und Flaschen mitzubringen und diese nach Abwiegen des Behältergewichts nach Wunsch zu befüllen. Kommt ein Kunde trotzdem ohne eigenen Behälter in den Laden, dann stehen ihm kompostierbare Tragetaschen als Alternative zur Verfügung.

Als vorbildlich gilt beispielsweise ein Edeka-Markt in Nordrhein-Westfalen: Dort fällt angeblich nahezu kein Lebensmittelabfall an. Wer große Abfallcontainer bei diesem Supermarkt sucht, wird nicht fündig – Mülltaucher könnten hier keine Beute machen. Wie geht denn das? Eine einzige, kleine Hausmülltonne steht in der »Müllsortierungsecke«. In diesem NRW-Supermarkt wird jegliches Obst und Gemüse, das nicht verkauft werden konnte, weiterverwertet. Mehrere Köchinnen aus der Nachbarschaft stellen aus überzähligen Früchten Marmeladen und Gelees her. Außerdem bereiten sie jeden Tag Restegerichte aus dem Gemüse zu, das nicht verkauft werden konnte. In der Kühltheke stehen selbstgemachte Spezialitäten, etwa Möhreneintopf nach Hausmacherart oder verschiedenste Suppen. Doch damit nicht genug: Kleintierbesitzer holen sich Gemüsereste oder Außenblätter vom Gemüse, und so bleibt auch vom Grünzeug wirklich nichts übrig.

Besonders heikel ist bei vielen Supermärkten das Thema Molkereiprodukte. In immer mehr Regalen gibt es daher ein Abteil mit Milchprodukten, deren Mindesthaltbarkeitsdatum kurz vor dem Ablauf steht. Und nachdem Käufer einmal ausprobiert haben, wie gut ein abgelaufener Joghurt schmeckt und wie billig dieser ist, kommen sie sicher wieder. Es gilt eine über Jahre erlernte Scheu abzulegen, die uns abhält, solche einwandfreien Waren ganz selbstverständlich zu kaufen, wenn sie angeboten werden.

Das gute Beispiel des Supermarktes in NRW birgt aber auch Probleme: Die Praxis, Wurst- und Fleischreste an Heimtierbesitzer abzugeben, wird von der örtlichen Hygiene-Inspektion immer wieder kritisiert, denn die Abgabe von Lebens- und Futtermitteln bedarf zweifellos einer sicheren Abgrenzung. Es sollte aber möglich sein, dieses Problem zu lösen.

Die Tafel – eine sinnvolle Weiterverwertung von Lebensmitteln für bedürftige Menschen

Jede Woche rollen die LKWs der Münchner Tafel e. V. in Richtung Oberpfalz los. Ziel ist das etwa 200 Kilometer entfernte Kemnath. Hier sitzt einer der ältesten Metzgereibetriebe Deutschlands, die Firma »Ponnath Die Meistermetzger GmbH«. Das Familienunternehmen ist Spezialist für Frischwurst und unterstützt seit Januar 2012 die Münchner Tafel. Mit den gespendeten Waren aus der Oberpfalz kann der mildtätige Verein einen Großteil seines Wurstbedarfs decken. »Es ist wirklich beeindruckend, was die Mitarbeiter der Münchner Tafel täglich leisten. Wir sehen es als Teil unserer gesellschaftlichen Verantwortung an, mit unseren Spenden dieses Engagement zu unterstützen«, erklärt Michael Ponnath, Geschäftsführer des Metzgerbetriebs.

Ähnliche Kooperationen ermöglichen den Erfolg der Hamburger Tafel. Die Hamburger Tafel versorgt die Bedürftigen der Hansestadt mit dem, was unsere Gesellschaft an Überproduktion hervorbringt. Bevor verwertbare Lebensmittel in den Abfall kommen, leiten die Mitarbeiter sie stattdessen über ein Netz von sozialen Einrichtungen in der Stadt weiter und organisieren so eine effiziente, schnelle Verteilung. Mit den Lieferwagen der Tafel verteilen sie die gesammelten Lebensmittel, um so den Hunger und das Leid vieler Menschen in dieser Stadt zu lindern.

Nach der Gründung der ersten Tafel in Berlin im Jahr 1993 ist der Bundesverband Deutsche Tafel e. V. mit über 880 Projekten ein bewundernswerter Trendsetter, wenn es darum geht, Lebensmittel an sozial bedürftige Personen zu verteilen. »Tausende ehrenamtliche Helferinnen und Helfer, Spender und Sponsoren machen es möglich. Machen auch Sie mit! Jede Hilfe ist willkommen.«, ist auf dem Internetportal www.tafel.de zu lesen. Oft werden dort übrigens Mitarbeiter (meistens sogenannte Bufdis und FSJler) zur Verstärkung der Teams gesucht. Wie wäre es denn mit einem ehrenamtlichen Engagement?

Schatztaucher in der Tonne

Seinen richtigen Namen will Peter S. lieber nicht nennen, denn ganz legal ist sein abendliches Abenteuer nicht. Er nimmt sein rostiges Fahrrad aus einem Schuppen im Münchener Norden und macht sich auf die nächtliche Tour. Er wohnt in Milbertshofen, einem eher preisgünstigen Stadtteil Münchens mit vielen hohen Wohnblocks. Doch nur wenige Kilometer entfernt liegen mit Gern und Nymphenburg noblere Viertel mit Eigenheimen. »Da fahr ich hin«, sagt er im Jargon eines Räubers, »das wird sich lohnen.« Der 27-jährige Student hat nicht etwa vor, ein Auto oder ein Haus zu knacken. Vom Reichtum der Bewohner will er sich dennoch ein Stück abschneiden – ein verschmähtes Stück des Wohlstands. Peter S. bezeichnet sich als Tonnen- oder Mülltaucher. Das ist die wörtliche Übersetzung des amerikanischen Begriffs »Dumpster Diver«. In der Berliner Szene kursiert auch der Begriff »Containerer«. Allen Mülljägern und Sammlern ist eines gemein: Diese Menschen machen sich aus unterschiedlichsten Motiven auf die Suche nach verwertbarem Essensabfall. Viele aus schierer Armut und Not, andere, wie Peter S., haben Müllcontainer als Schatztruhen entdeckt, die sie aus weltanschaulichen Gründen nutzen. Was ist wirklich unnützer Müll, was kann man noch weiterverwerten, also essen? Diese Frage muss nun neu beantwortet werden. In Berlin gibt es inzwischen so viele Tonnenspechte, dass einige um die besten Restequellen konkurrieren. Im Internet tauscht die Szene Tricks, Tipps, Risiken, Gefahren und Erfolgsgeschichten aus – und längst hat sie bei Facebook eine eigene Seite: www.facebook.com/containern.

In München ist das Phänomen noch relativ neu. »Das hat den Vorteil, dass man keine Konkurrenten hat und die Supermärkte noch unvorsichtig mit ihrem Abfall sind«, erklärt Tonnen-Experte Peter S. Denn rein rechtlich ist diese Art der Müllverwertung eine Straftat. Der Müll ist noch im Besitz der Supermärkte, sie sind für eine fachgerechte Entsorgung verantwortlich. Wer aus den Müllcontainern Dinge entnimmt, begeht in Deutschland Diebstahl oder Hausfriedensbruch.

Es ist 21.30 Uhr, und Peter S. erreicht den Laden einer großen Supermarktkette. Er weiß genau, bei welchem Laden die Müllcontainer gut erreichbar sind und wann diese von den Firmen entleert werden.

Wir sind unbeobachtet im Hinterhof, es sind keine neugierigen Nachbarn in Sicht. Lediglich ein Hund guckt von einem Balkon zu, wie der Student den unverschlossenen Container öffnet und sich über die muffelige Masse hermacht.

Er ist perfekt für seinen Reste-Raubzug ausgestattet: Plastik-handschuhe und eine billige Regenjacke schützen ihn vor Verschmutzungen, und eine Stirnlampe bringt Licht in den Unrat, die Hände sind dennoch frei zum Wühlen. Es ziehen unterschiedlichste süße Düfte von Verderbsprozessen in die Nase. Matschiges Gemüse und Obst ist mit vakuumverpackten Lebensmitteln, aufgerissenen Mehlbeuteln, Müsli und Brotresten vermengt. Literweise tropft milchige Flüssigkeit durch die Finger, dann kommt wieder eine trockene Schicht. »Das ist besser, da kann man mehr verwertbares Essen erhoffen«, sagt der Fachmann. Während er mit einer Hand wie ein Archäologe in immer tiefere Schichten vordringt, hält er in der anderen Hand eine Plastiktüte, die sich langsam füllt. Drei Äpfel, einen Rotkohlkopf, eine Gurke, zwei Packungen Kirschtomaten, eine Packung Toastbrot, Eier, Bananen, Kekspackungen und verschiedenste Milchprodukte. »Die sind alle abgelaufen, aber natürlich noch top«, weiß Peter S. Nach kaum fünf Minuten hat er genug. Er schließt den Container vorsichtig und macht sich leise aus dem Staub. Unter einer Straßenlaterne sehen wir uns die Beute des heutigen Abends genauer an: Der Kaufpreis des Beutelinhalts entspricht mindestens 20 Euro, freut er sich über die kostenlose Fracht. Morgen hat er Freunde zum Essen eingeladen – mehrere von ihnen sind überzeugte Resteverwerter. »So wie es aussieht, gibt's Rotkohl mit Knödeln und gemischtem Salat zum Nulltarif«, plant der Student, »nur der Schweinebraten dazu, der fehlt noch.« Ob er ihn kaufen wird oder auf ein schweinernes Mitbringsel hofft? »Ich nehme auch Würstchen – ich bin mir sicher, dass in München täglich tonnenweise essbare Würste im Müll landen, man muss sie nur finden!«

Diese Art der Lebensmittelverwertung ist natürlich schon wegen der Hygienerisiken nicht vertretbar, illustriert aber dennoch anschaulich die aktuelle Problematik.

Über Schnäppchen und den geringen Wert des Essens

> *»Tiere werden mehr und mehr produziert wie technische Güter, in engen Ställen, auf Spaltenböden, mit Futter von irgendwoher. Lebensmittel werden in riesengroßen Fabriken hergestellt, von Automaten. Und am Ende werden sie elegant verpackt mit schönen Bildchen drauf. Nach der Wirklichkeit darf man da nicht fragen. Aber immer mehr Menschen fragen danach.«*
> Karl Ludwig Schweisfurth in einem Interview mit der *Süddeutschen Zeitung*

Brötchen für 19 Cent, ein Liter Milch für 49 Cent, ein Hühnchen für 2,99 Euro – immer wieder überraschen im Supermarkt Schnäppchen mit Dumpingpreisen. Aber ist das Billigfutter ethisch? »Billig, billiger, am billigsten: Das Verramschen von Lebensmitteln in Deutschland hält an, die Discounter erzwingen Rabattrunden von den Milchbauern. Die Preise könnten noch weiter fallen, wenn bald die letzten Quotenregelungen fallen«, schrieb *Spiegel Online* im Sommer 2012. Viele Bauern kämpften um ihre nackte Existenz. Ständiger Preisdruck seitens des Handels verunsichert die Landwirtschaft seit vielen Jahren. Der bislang niedrigste Milchpreis lag im Sommer 2009 bei nur 22 Cent!

Es sei zu viel Milch auf dem Markt, sagen Experten, deshalb werde Milch immer billiger. Der Grund für den dauernden Preisverfall: Europa liberalisiert seine Agrarpolitik. Die Folge: Überproduktion.

Wie das Ölkartell der OPEC soll der EMB (European Milkboard) dann die Produktion von Milch begrenzen oder ausweiten können. Aus Verbrauchersicht sind realistische Preise für einen Liter Milch, Hühnchenfleisch, Eier, Rindersteaks oder Schweinebraten wünschenswert.

Stellen Sie sich doch einmal vor, was ein Hühnchen, das für 2,99 Euro im Tiefkühlregal liegt, im Laufe seines Lebens gegessen hat? Welchen Wert durfte die Nahrung haben, die es verspeiste, um sein Lebendgewicht zu erreichen? Wenn man die Gewinnspanne des Handels, der Lieferanten und des Bauern abzieht, bleibt eigentlich nichts übrig. Was also bekommen solche Hühnchen – neben den weit verbreiteten antibiotischen Medikamenten – zu fressen?

Deshalb ist es im Interesse der Kunden, dass Bauern ihre Produkte zu realistischen Preisen verkaufen können – nur so sind eine ethisch verantwortliche Aufzucht, Schlachtung und Verarbeitung von tierischen und pflanzlichen Produkten durchführbar. Das Gleiche gilt für Handwerk und Handel – Metzger, Bäcker, Obsthändler und Bioladenbetreiber brauchen eine gewisse Gewinnspanne, um qualitativ hochwertige Waren zu erzeugen und sie dem Kunden anbieten zu können. In unserer Welt mit globalen Lebensmittelströmen und hartem Wettbewerb ist die Problematik fairer, ethisch vertretbarer Lebensmittelpreise leider nur schwer lösbar.

Was geschieht, wenn die Verantwortung für Lebensmittel erodiert, zeigt das nächste Kapitel. Längst schon haben wir uns daran gewöhnt, dass sich immer irgendwo ein Lebensmittelskandal abspielt – meistens sind überzogenes Gewinnstreben, unsachgemäßer Umgang oder kriminelle Energie die Ursache für Schmuddelgeschichten, Risiken und Krisen rund ums Essen, und das sowohl im regionalen, ökologischen als auch im industriellen Bereich.

Die letzten großen Hygieneskandale: Von Gammelfleisch, EHEC-Gurken und Mäusekot beim Bäcker

Februar 2012: Goldmedaille und Mäusekot bei Müller-Brot

Die Geschichte der Firma Müller beginnt wie viele herrliche Erfolgsstorys in Handel und Industrie: Die Firma Müller-Brot wurde 1930 in München-Giesing gegründet. 1953 führte Hans Müller die weltweit erste vollautomatische Produktionsanlage für Brötchen ein. Ende der 1970er Jahre begann das Unternehmen als Großbäcker nicht nur Supermärkte zu beliefern, sondern auch ein eigenes Filialnetz aufzubauen. Zu Beginn der 2000er Jahre war Müller-Brot der viertgrößte Backwarenhersteller Europas. Dann begann der Abstieg der Traditionsfirma, da sie ins Visier der Kontrolleure des Bayerischen Landesamts für Gesundheit und Lebensmittelsicherheit geriet.

Der Bäcker-GAU ereignete sich Ende Januar 2012: Nachdem Kontrolleure wiederholt mangelnde Sauberkeit festgestellt hatten, forderte die Hygienebehörde Müller-Brot umgehend auf, die Produktion in der Backfabrik in Neufahrn aufgrund der schwerwiegenden Hygienemängel zu stoppen. Erst nachdem die *Süddeutsche Zeitung* über die ausbleibenden Lieferungen von Waren, die Kontrollen des Landratsamtes und eine »mangelhafte Grundhygiene« berichtet hatte, bestätigte dies auch das Unternehmen. Daraufhin teilte das Landratsamt Freising mit, dass Kontrolleure »Schädlinge in erheblichem Umfang in den Betriebsräumen« gefunden hatten. Der zuständige Oberstaatsanwalt erklärte, es werde wegen des Inverkehrbringens von Lebensmitteln ermittelt, »die für den Verzehr durch den Menschen ungeeignet sind«. Das klang für die vielen Müller-Brot-Kunden wirklich unappetitlich. Und immer mehr Details kamen ans Licht: Die Kontrolleure hatten Schädlinge wie Schaben, Motten oder Käfer in den Backzutaten gefunden sowie wiederholt Verunreinigung der Anlagen durch Mäusekot und Speisereste von früheren Produktionen festgestellt. Pikantes Detail: Trotz der offenkundigen Hygieneprobleme verlieh die Deutsche Landwirtschafts-Gesellschaft (DLG) im Juni 2010 Müller-Brot den Bundesehrenpreis, und im Jahr 2011 erhielt die Firma DLG-Goldmedaillen für ihre Produkte. Was kann der Verbraucher daraus ersehen? Hygienemängel sind am Endprodukt oft nicht erkennbar und Medaillen im Zimmer der Geschäftsleitung sind keine Garantie für Qualität und Hygiene der Produkte.

Dezember 2011: »Verseuchte« Hühnchen

Der Bund für Umwelt und Naturschutz Deutschland (BUND) untersuchte in einer Stichprobe Hähnchenfleisch von Discountern und Supermärkten – mit katastrophalem Ergebnis. Auf 10 von 20 in Berlin, Hamburg, Köln, Nürnberg und in der Region um Stuttgart gekauften Fleischproben fanden die Kontrolleure sogenannte ESBL-Keime, zwei Proben waren mit MRSA-Keimen belastet. Diese Keime entstehen, weil in der industriellen Tierhaltung systematisch große Mengen Antibiotika eingesetzt werden.

ESBL-produzierende Darmkeime (Extended-Spectrum Beta-Lactamase) und MRSA-Keime (Methicillin-resistente Staphylococcus aureus) können bei geschwächten, anfälligen Menschen zu schwersten Erkrankungen bis hin zu tödlichen Verläufen führen. Antibiotikaresistenzen sind deshalb so gefährlich, weil die in der Humanmedizin verabreichten Antibiotika dann unter Umständen ohne Wirkung bleiben.

ESBL-Keime konnten gleich an mehreren Proben verschiedenster Hähnchenlieferanten nachgewiesen werden. Hubert Weiger, BUND-Vorsitzender: »Jede zweite Hähnchenfleisch-Probe aus deutschen Supermärkten ist mit antibiotikaresistenten Keimen belastet. Das ist die erschreckende Folge des fortgesetzten Antibiotikamissbrauchs.«

Wie kommt es zur Antibiotikaresistenz gerade bei Geflügel? Viele Hühnchen leben auf sehr engem Raum, dazu leiden sie oft unter Stress, Hitze und entsprechend großen Hygieneproblemen. Ohne die Hilfsmittel der Pharmabranche wäre die Massentierhaltung offenbar nicht durchführbar. Um die Fleischerzeugung im industriellen Maßstab aufrechterhalten zu können, werden Antibiotika eingesetzt, und das in großem Stil. Ende 2011 veröffentlichten die Bundesländer Niedersachsen und Nordrhein-Westfalen wissenschaftliche Arbeiten, die das Ausmaß des Antibiotikaeinsatzes in der Intensivtierhaltung offenbaren: Angeblich erhielten mindestens 76 Prozent der Masthühnchen aus den untersuchten Beständen Antibiotika. Teilweise wurden hierbei bis zu acht verschiedene Wirkstoffe über einen sehr kurzen Zeitraum verwendet. Bei manchen Putenbetrieben ermittelten die Forscher dutzende Einzelgaben pro Tier – schier unglaublich. Je mehr Antibiotika eingesetzt werden, desto größer ist die Wahrscheinlichkeit, dass sich resistente Bakterien bilden. Allerdings ist es schwierig festzustellen, welcher Anteil der Resistenzübertragung auf den Menschen tatsächlich auf die Lebensmittel entfällt; das Problem ist vielschichtig, und die Ursachen sind es ebenso.

EHEC 2011 – krank durch ägyptischen Bockshornkleesamen?

Am 19. Mai 2011 erhielt das Gesundheitsamt Hamburg die Meldung von zehn Fällen mysteriös schwerer Krankheitsverläufe von EHEC-Infektionen. Die Erkrankungen traten in Deutschland zunächst lokal und zeitlich gehäuft als schwere Fälle eines hämolytisch-urämischen Syndroms (HUS) mit Durchfall auf. Anders als bei bisher bekannten Verläufen von HUS durch EHEC häuften sich dieses Mal von Beginn an die Fälle nicht bei Säuglingen und Kindern, sondern bei Erwachsenen. Nach ersten Fallkontrollstudien wurde frisches Gemüse, darunter besonders Tomaten, Gurken und Blattsalate, als möglicher Übertragungsweg angenommen. In den Tagen danach breitete sich eine europaweite Panik vor frischem Gemüse aus – über mehrere Wochen brach der Gemüse- und Obsthandel nahezu zusammen. Speziell spanische Gurkenfarmen und Zulieferbetriebe litten unter dem Verdacht, Auslöser der Epidemie zu sein. Am 5. Juni 2011 wurde der Verdacht, dass Sprossengemüse eine Infektionsquelle bei der Verbreitung des Ausbruchserregers sein könnte, damit begründet, dass ein Gartenbaubetrieb in Norddeutschland gemeinsamer Lieferant von Sprossen war, die einige Erkrankte verzehrt hatten. Außerdem war eine Beschäftigte des Betriebs an EHEC erkrankt. Am 30. Juni 2011 teilten die Behörden mit, dass Samen des

Bockshornklees aus Ägypten mit großer Wahrscheinlichkeit die Ursache des EHEC-Ausbruchs waren. Bis Ende Juli bestand die Verzehrwarnung für Sprossen.

Der letzte Erkrankungsfall in Verbindung mit den Keimen war drei Wochen zuvor gemeldet worden. Die Bilanz: In Deutschland kamen 50 Menschen durch den aggressiven Darmkeim ums Leben, während 4321 Erkrankungsfälle registriert wurden.

Die EHEC-Bilanz, welche die Bundesminister Bahr und Aigner ein Jahr später vorlegten, zeigte auf, dass der aus Ägypten stammende Bockshornkleesamen die Ursache für die Verbreitung des Keimes war. Die Quelle der Kontamination der Samen konnte jedoch nicht ermittelt werden.

2005, 2007 und 2010 – die großen Gammelfleischskandale

Gleich mehrere unappetitliche Fleischskandale ereigneten sich im Jahr 2005 – neben ekligen Fotos aus Fleischkühlhäusern sind vielleicht die Bilder von neu etikettierten Hackfleischpackungen in Erinnerung geblieben. Anfang März 2005 zeigten viele TV-Sender unfassbare Bilder aus der Fleischabteilung einer Filiale der Supermarktkette real: Mit versteckter Kamera hatte ein Mitarbeiter gefilmt, wie Kollegen unverkaufte Hackfleischpackungen vom Vortag neu verpackten und mit neuen Etiketten beklebten. Wer den TV-Beitrag gesehen hat, wird nie wieder ohne Magengrummeln Produkte aus einem Supermarkt-Fleischregal nehmen. Danach starteten Ermittlungen gegen Mitarbeiter von weiteren Handelsketten. Angeblich sollte durch das Umetikettieren (Es wird mitunter als »Fleischpanscherei« in der Presse bezeichnet.) die Verderbsquote unter 0,3 Prozent gehalten werden – ein in der Supermarktpraxis nicht zu erreichender Wert (Quelle: Spiegel Online).

Dies ist ein Beispiel dafür, wie ein hoher Preis- und Wettbewerbsdruck illegales und für den Verbraucher gefährliches Handeln fördern kann, denn Hackfleisch ist ein hygienisch besonders sensibles Lebensmittel, dessen Verzehr bei Überlagerung Fleischvergiftungen zur Folge haben kann. In gewissen Zeitabständen führten die Ermittlungen der Lebensmittelaufsicht immer wieder zur Überführung von Gammelfleischherstellern oder -vertreibern.

Elf Tonnen gammeliges Fleisch sind in einem spektakulären Fall im Jahr 2007 in Bayern beschlagnahmt worden. Die höchstens als Tierfutter geeigneten Reste sollten an einen Döner-Hersteller geliefert werden. Fleischabfälle der Kategorie 3 (K3) fallen beim Schlachten an, sind aber nicht für den menschlichen Verzehr geeignet. Die Staatsanwaltschaft Memmingen ermittelte, dass der schwäbische Betrieb seit 2006 insgesamt zwischen 140 und 180 Tonnen umetikettierte Fleischabfälle an verschiedene Berliner Firmen geliefert hatte.

Damals hatte die Organisation Foodwatch im Rahmen einer Aktion Bundeslandwirtschaftsminister Horst Seehofer aufgefordert, für mehr Sicherheit beim Umgang mit Schlachtabfällen zu sorgen. So müssten rohe Schlachtabfälle eingefärbt und Tiermehl vergällt (ungenießbar gemacht) werden, damit keine tierischen Abfälle mehr in den menschlichen Nahrungskreislauf gelangen könnten. Außerdem sollten sie nur noch gehandelt werden dürfen, wenn die gesamte Lieferkette verifizierbar sei.

Gibt's eigentlich noch die Freibank?

Es sind deftige Erinnerungen an die Kindheit im Münchener Norden: Der Ortsteil Feldmoching hatte neben mehreren Metzgereien eine Freibank. Dort trafen sich in den 1970er Jahren weniger Betuchte, aber auch die reichen Bauern, um an bestimmten Wochentagen Fleisch besonders günstig zu kaufen. Natürlich war es auch für Studenten, zumal in einer Wohngemeinschaft lebend, ein lohnendes Ziel, dort einzukaufen. So kamen mein Mitbewohner und ich mitunter zu äußerst günstigen Rehkeulen oder einfachen Spanferkelbraten. An der städtischen Freibank am Viktualienmarkt im Herzen Münchens standen früher freitags stets tausende an, berichten Zeitzeugen. »Am Freitagnachmittag gibt es dort einen Sonderverkauf für Altersinvaliden, Rentner über 65 Jahre und Mütter ab dem achten Monat«, beschreibt die Metzgerei Magnus Bauch auf ihrer historischen Internetseite die soziale Seite der Freibank. »Der Begriff Freibank ist jedoch seit 1996 überholt«, meint das neue Weltwissen Wikipedia. Heute spricht der Gesetzgeber von »besonderen Abgabestellen für Fleisch aus Isolierschlachtbetrieben«. Das sind gesetzlich vorgeschriebene Schlachtbetriebe für Krankschlachtungen. Dieser wenig lecker klingende Begriff Krankschlachtung bezeichnet Tiere, die »aufgrund schwerer physiologischer und funktioneller Störungen« geschlachtet werden müssen. Diese Tiere dürfen konsequenterweise nicht in normalen Schlachthöfen geschlachtet werden und »die Abgabe des Fleisches darf nicht über normale Metzgereien erfolgen«. Dieses Fleisch darf nur in besonderen Verkaufseinrichtungen, die meist dem Isolierschlachtbetrieb angeschlossen sind, angeboten werden. Es ist zwar minderwertig, aber für menschlichen Verzehr geeignet. Besteht regional keine Nachfrage, wird das Fleisch der Tierkörperbeseitigung zugeführt oder als Tierfutter verwertet. Für die Hersteller von Fertigfutter sei das sogenannte Freibankfleisch wegen der nicht kalkulierbaren und zu geringen Verfügbarkeit und der Ablehnung vieler Verbraucher nicht interessant, erklärt der Wikipedia-Fachmann.

Um ehrlich zu sein, als wir vor 25 Jahren Freibankfleisch abholten, haben wir uns überhaupt keine Gedanken über dessen Herkunft gemacht. Wir hatten geglaubt, dass dieses Fleisch überwiegend von verunglückten Fleischtransportern stammen würde – also nicht von kranken Tieren! Aber wie viele Fleischlaster müssten dauernd in Unfälle verwickelt sein, um die große Nachlieferungsmenge sicherzustellen? Und mit dem heutigen Biobewusstsein, der BSE-Erfahrung und den zahlreichen weiteren Hygieneproblematiken wirkt es heute befremdlich, dass wir so gern und viel dort eingekauft hatten. Wie sehr sich die Zeiten doch ändern: Seit 2005 befindet sich in der ehemaligen städtischen Freibank München das sehr gediegene Wirtshaus »Der Pschorr« – eine gute Adresse für Freunde der sehr feinen bayerischen Küche.

Weitsichtiges Handeln

Schön, dass es auch verantwortungsvolle Menschen und Organisationen gibt

Es geht auch anders: Nachhaltigkeit und Wertschätzung

Deutschland ist nicht nur das Land der Dichter und Denker, sondern auch die Keimzelle vieler grüner Ideen, die sich der rapiden Ressourcenverschwendung auf unserem Planeten widersetzen. Schon vor 300 Jahren schuf und prägte der sächsische Oberforstmeister Hans Carl von Carlowitz den Begriff der Nachhaltigkeit. Ihm war es ein besonderes Anliegen, dass aus den Wäldern nicht mehr Holz geschlagen werde, als nachwachsen kann, und so befruchtete er seine Generation mit ganz neuen ökologischen Gedanken. »Wird derhalben die größte Kunst/Wissenschaft/Fleiß und Einrichtung hiesiger Lande darinnen beruhen / wie eine sothane Conservation und Anbau des Holtzes anzustellen / daß es eine continuierliche beständige und nachhaltende Nutzung gebe / weiln es eine unentberliche Sache ist / ohne welche das Land in seinem Esse«, schrieb Carlowitz in seinem epochalen Werk *Sylvicultura Oeconomica*.

Carlowitz kritisierte damals auch schon die ungezügelten Kräfte der freien Marktwirtschaft. Er verurteilte das oft maßlose, kurzfristige »Geld lösen« der Wirtschaft. Sie sollten sich lieber auf ihre eigentliche Aufgabe besinnen: Neben dem ökonomischen

Eigeninteresse gelte es, dem Gemeinwohl zu dienen und künftigen Generationen eine intakte Umwelt zu hinterlassen. Carlowitz war also wirklich ein wahrer Öko-Pionier, und er trug maßgeblich dazu bei, dass sich Deutschland neben Schweden und der Schweiz seither als Vorreiter in einem gesellschaftlich und moralisch verankerten Umweltschutz behaupten konnte. In dieses Bild passen auch die sogenannte Lebensreform-Bewegung im 19. Jahrhundert mit ihrer »Zurück zur Natur«-Philosophie sowie die Gründung der GRÜNEN-Partei im Jahr 1980. Deren Erfolg inspirierte sämtliche politische Parteien, und in vielen Ländern entstanden danach grüne Partei-Ableger.

Permakultur – neues Denken, nachhaltiges Handeln

Seit einigen Jahren sprießen in vielen Städten und Gemeinden neue Projekte zur besseren Verwertung von Nahrung hervor. Oft kommen die Initiatoren aus der Biobranche und stellen ihre Aktionen in einen größeren Zusammenhang. Denn auch in der Landwirtschaft, Industrie und selbst in der Finanzwelt mangelt es an Weitsicht und Zukunftsfähigkeit, wie man am labilen Banken- und Finanzsystem erkennen kann. Diese der Überfluss- und Wegwerfgesellschaft diametral entgegengesetzte Geisteshaltung hat auch einen Namen: Permakultur. Der Begriff setzt sich aus PERMANENT und KULTUR zusammen und soll Weitsicht, Zukunftsfähigkeit und Nachhaltigkeit zum Ausdruck bringen.

Das deutsche Permakultur Institut e. V. schreibt, Permakultur sei ein »Oberbegriff für die Entwicklung und Anwendung von ethisch basierten Leitsätzen und Prinzipien zur Planung, Gestaltung und Erhaltung zukunftsfähiger Lebensräume. Schwerpunkte bilden dabei Nahrungsproduktion, Energieversorgung, Landschaftsplanung und die Gestaltung sozialer (Infra-)Strukturen. Grundgedanke ist ein Wirtschaften mit erneuerbaren Energien und naturnahen Stoffkreisläufen im Sinne einer ökologisch, ökonomisch und sozial nachhaltigen Nutzung aller Ressourcen.« Sich selbst erhaltende Biostrukturen zu entwerfen klingt doch ganz vernünftig – ohne gleich als neue Öko-Religion daherzukommen. Praktisch umgesetzt sieht Permakultur dann beispielsweise so aus: Man nutzt als Privatmensch alle freien Flächen, um sich selbst zu versorgen – etwa Balkon, Garten oder Schrebergarten. Selbst auf den Wolkenkratzerdächern von Manhattan und Tokio produzieren inzwischen private Imker ihren Honig oder kultivieren Hobbybauern Tomaten, Kartoffeln und Gurken. Landwirtschaft und Handel setzen das Gleiche möglichst umweltschonend in einem größeren Maßstab um. Optimale Ausnutzung der Ressourcen und wenig Verschwendung – so lautet dabei immer die Maxime.

Permakultur kann aber auch ganz einfach und erfolgreich praktiziert werden. Der Hauswirtschafts- und Großküchenleiter Jürgen Hoheisel im Münsteraner »Haus vom Guten Hirten«, einem integrativen Hotel, versucht mit ganz simplen, aber wirkungsvollen Maßnahmen, die Abfallmengen zu minimieren. Hoheisel, der täglich mindestens 120 Essen zubereitet, beschrieb in einem Interview mit der Lokalzeitung die Maßnahmen ganz pragmatisch: »Ich rechne jeden Tag neu durch und bespreche mit den Kollegen im Küchenausschuss weitere Verbesserungsmöglichkeiten.« Das Ziel des Kochs: Die Gäste sollen möglichst wenig Essensreste übrig lassen. Dazu fragt die Küche täglich die Wünsche seiner Gäste ab und kocht dann auch nur so viel, wie tatsächlich benötigt wird. Wegen ihres meist mangelnden Abfallbewusstseins möchte man die Manager von global agierenden Hotelketten eigentlich für eine Nacht im »Haus vom Guten Hirten« einquartieren – zur Fortbildung vor Ort.

Überhaupt ist die Fahrradstadt Münster ökologisch sehr aktiv: Es gibt verschiedenste Kampagnen, die ein Ende der Verschwendung fordern, eine Bürgerbewegung mit dem Namen »Transition Town Münster« (was so viel heißt wie: »Münster, Stadt des Wandels«) und eine weitere Protestaktion mit dem programmatischen Titel »Aufessen«. Deren Initiator Jan Dieckmann klappert alle Lebensmittelmärkte der Stadt ab, fragt nach aussortiertem Gemüse und Obst und übrig gebliebenen Backwaren und Milchprodukten, die dann gemeinschaftlich zu einem köstlichen Mahl verarbeitet werden. Für »Transition Town Münster« sei die Aufessen-Aktion ein typisches Projekt auf dem Weg zu einer zukunftsfähigen und nachhaltigen Bürgergesellschaft. Die Transition-Initiative umfasst ein ganzes Paket an Maßnahmen und Projekten zur Optimierung der regionalen Wirtschaft, der Energie- und Lebensmittelversorgung. Dabei ganz wichtig: Die Bürger machen mit – eine Mitmachgesellschaft.

Schon bei der ersten Münsteraner Sammelaktion kam ein ganzer Kofferraum mit Obst, Gemüse, Joghurt und Backwaren zusammen. »Wir spenden immer gerne, bevor wir etwas wegschmeißen. Die Ware ist ja völlig in Ordnung, wir können sie nur schlecht erst am nächsten Markttag weiterverkaufen«, sagte Marktbetreiber Thomas Sommer den »Westfälischen Nachrichten«. Das Restemenü, das sich die Gäste des Bürgertreffs schmecken ließen, hatte gutbürgerliche Klasse: Kohlsuppe, Champignon-Aufstrich für das Baguette und Austernpilze mit Möhrenauflauf.

Richtig gut funktioniert die Mitmachgesellschaft, wenn bevorzugt regionale Produkte gekauft werden. Besonders spannend sind in diesem Zusammenhang die vielen Regionalwährungen, die in den letzten Jahren entstanden sind, um den örtlichen Bezug im Handel zu stärken. Diese »Währungen« nennen sich CHIEMGAUER oder EIFEL-MARK und gelten in ihren Regionen in vielen Läden als Zahlungsmittel. Wer sich für regionale Produkte einsetzt und sie bevorzugt, trägt aktiv zum Erhalt unserer Landwirtschaft bei, verhindert unnötige Energieverschwendung für den Transport und fördert lokale Vernetzung und Kommunikation. Außerdem hilft er damit, die Arbeitsplätze in der Region zu sichern!

Diese vielen neuen Facetten der Permakultur sind also in jeder Hinsicht eine vernünftige Entwicklung. Die Regionalisierung zusammen mit der Wertschätzung der natürlichen Ressourcen entwickelt sich zu einem wichtigen Gegenentwurf zu den vielen negativen Folgen der Globalisierung und der damit verbundenen, maßlosen Ressourcenverschwendung. Kein Wunder, dass sich Regionalität als echter Trend auf Verbrauchermessen, in der Werbung und sogar auf vielen Produkten im Handel entwickelt.

Sogar die wissenschaftliche Studie des Ernährungskonzerns Nestlé belegt die Trends zu Regionalität und Nachhaltigkeit:

1. Regionalität sei sogar wichtiger als »Bio«
   Frische und regionale Lebensmittel sind gefragt – und laufen den Bioprodukten den Rang ab. Nach der Nestlé-Studie kaufen 37 Prozent der Bevölkerung regelmäßig Produkte aus der Region, Bioprodukte werden hingegen nur von 13 Prozent regelmäßig gekauft. Offenbar geht es den Verbrauchern bei regionalen Produkten um mehr als die eigene Gesundheit: Förderung der lokalen Wirtschaft, kurze Lieferwege und Wissen um die Herkunft der Produkte spielen ebenfalls eine Rolle.

2. Nachhaltigkeit gewinnt an Bedeutung
   Natürlich erzeugt und fair gehandelt sollen Lebensmittel sein, belegt die Verbraucherbefragung von Nestlé. Etwas nebulös bleibt, was das Wort »Nachhaltigkeit« tatsächlich bedeutet. Am ehesten werden mit Nachhaltigkeit artgerechte Tierhaltung (96 Prozent), faire Behandlung von Lieferanten und Mitarbeitern (90 Prozent) und Verzicht auf Gentechnik (89 Prozent) assoziiert.

»Happy Hour« beim Biobäcker

Die Kunden der Biobranche gehen angeblich sorgsamer mit Lebensmitteln um. Zwar gibt es auch hier keine genauen Zahlen. Aber nach Ansicht des Bundes Ökologische Marktwirtschaft akzeptieren ihre Kunden beispielsweise leere Regale bei Backwaren oder schrumpeliges Obst und Gemüse. Es würden auch noch Waren kurz vor dem Verfallsdatum gekauft, so die Beobachtung von Ökohändlern. Außerdem könnten sie wegen der Nähe zu ihren Lieferanten flexibler planen und ordern.

Mit besonders gutem Beispiel geht der bayerische Brotbäcker Hofpfisterei voran. So sind alle Waren ausreichend gekennzeichnet, alle Zutaten ersichtlich und aus Biobetrieben angeliefert. Das Unternehmen wurde mit dem Nachhaltigkeitspreis ausgezeichnet. Am Abend kann man in München und dem Umland feststellen, weshalb: Vor Pfister-Filialen bilden sich mitunter gegen 18 Uhr Schlangen vor dem Laden, die sogenannte »Happy Hour« in der Bäckerei hat begonnen. Dabei werden nicht etwa Biodrinks unter der Kundschaft verteilt. Pfister kämpft mit einer radikalen Methode gegen den Restewegwerfwahn vieler Bäckereien. Bei Pfister gibt's eine Stunde vor Ladenschluss alle Produkte um 25 Prozent billiger, in der letzten halben Stunde um 40 Prozent. Der Biobäcker konnte so die Menge übrig gebliebener Brote, Brötchen oder Brezen massiv reduzieren. In vielen Filialen sind die Regale bei Ladenschluss nun völlig leergekauft. »Ein familienfreundliches Angebot«, nennt die Firma ihre Happy Hour.

Auch andere sogenannte Vortagsbäckereien bieten Backwaren von gestern zu reduzierten Konditionen an. Diese Art von Bäckerei bietet ein Konzept zur Reduzierung des Backwarenabfalls und gleichzeitig erschwinglichere Waren für sozial Benachteiligte aus der Gesellschaft. In verschiedenen Städten Deutschlands gibt es schon Vortagsbäckereien. Sie sind eine von mehreren Möglichkeiten, Backwarenabfälle zu reduzieren. Aber nicht allen Bundesbürgern scheint die Sinnhaftigkeit einzuleuchten, wie der folgende Blogbeitrag zeigt:

»Klärt mich mal bitte auf: Ist das normal? Warum kauft man Brötchen von gestern? Kuchen von vorgestern? Gibt es das in Euren Städten auch? Ich finde es seltsam. Okay, ich verstehe es bei Hartz IV und keinem Knopp in der Tasche oder man benötigt altbackene Brötchen für ein Rezept. Aber wieso kauft man sich Vortagsbackwaren? Erleuchtung bitte!«,
(http://zeigefinger.blogspot.de/2009/05/vortagsbaeckerei.html)

Essensabfall – eine persönliche Wochenbilanz

Wie viel Müll entsteht in einer ganz durchschnittlich organisierten dreiköpfigen deutschen Familie? Ein Praxistest.

Samstag:

Ein Blick in den Kühlschrank zeigt: Keine Milch, kein Fleisch, das vorhandene Gemüse und das Obst sind schrumpelig – also raus damit. Nicht besser sieht es im Brotfach aus: nur ein vertrockneter Brotrest und zwei Brötchenhälften.

Eine Fahrt zum Supermarkt soll die Kontore wieder füllen. In der Gemüse- und Obstabteilung wird ordentlich zugelangt, wir wollen ja gesund über das Wochenende kommen: Gurke, Kohlrabi, ein Kopfsalat, eine Packung mit drei bunten Paprika, ein Bund Möhren, Äpfel und ein Beutel Mandarinen. Und: Die Bananen nicht vergessen!

Aus den Kühlregalen gelangen drei Liter Milch, Quark, Pudding, Reibekäse, italienischer Schinken, Wiener Würstchen, Salami, Rote Grütze, eine große Packung Eis, Fischstäbchen und Tiefkühlspinat in den Einkaufswagen. Nudeln, Tomatensoße, Couscous, Toastbrot, Frischeiwaffeln, zwei verschiedene Müslisorten kommen hinzu. Außerdem Ananas aus der Dose, zwei Tafeln Schokolade, zwei Flaschen Wein (Blauer Zweigelt), drei Flaschen Bier, Himbeersirup und eine Flasche Prosecco. In der Backwarenabteilung werden ein 1000-Gramm-Brotlaib und ein halber Marmorkuchen eingeladen. Das Ganze kostet 94 Euro 35 Cent. Und die zu kühlenden Lebensmittel passen zu Hause nicht in den Kühlschrank!

Deshalb muss alles raus, was alt ist:
- drei leicht angetrocknete Wiener Würstchen,
- Zucchini, Aubergine, Zwiebel und Kirschtomaten – die eigentlich ein Eintopf werden sollten, aber schon matschig sind,
- Karotten, Frühlingszwiebeln, die wegen unsachgemäßer Lagerung austrockneten,
- halbvolle Apfelmus-, Senf- und Sauerkirschgläser,

- Schlagsahne, Magermilch und Edamer-Käse-Packung mit weit überschrittenem Haltbarkeitsdatum,
- zwei Eier sind auch längst überfällig.

Insgesamt landen heute Nahrungsmittel für zehn bis zwölf Euro im Müll.

Sonntag:

Eine morgendliche Fahrt zur Tankstelle ist nötig, da weder Marmelade noch Butter im Haus sind. Dazu werden an der Kasse Gummibärchen, Kekse und eine Cola geordert – vom Nachwuchs.

Dafür habe ich eine uralte Packung Baguette-Brötchen im Schrank entdeckt. Zusätzlich landen heute im Müll: halbe Banane, halber Apfel, drei Scheiben Brot, halbe Kanne Kaffee, 1,5 Portionen Kartoffelbrei, zwei Hühnchenschenkel, ein Pudding und eine Portion Salat-Mix – das entspricht etwa 9 Euro.

Montag:

Am Morgen entferne ich die Reste des gestrigen Abendmahls: zwei Portionen Nudeln mit Bologneser Sauce, ein Glas Rotwein (Blauer Zweigelt) und 1,5 Portionen Tiramisu.

Im Mittagsrestaurant werden zwei Scheiben Schweinebraten zu Rotkraut und Knödel gereicht, ich esse nur eine Fleischportion.

Abends bleiben ein halbes Bier, 250 Gramm Vanillepudding und ein aufgeschnittener Apfel übrig.

Das entspricht etwa elf Euro.

Dienstag:

Etwa ein Drittel des Brotes ist heute vertrocknet und bleibt übrig – stattdessen sollen frische Brötchen auf den Tisch.

Mittags geht fast die Hälfte des karibischen Reisgerichts zurück. Auch das mitgenommene Obst wird nicht gegessen.

Der abendliche Besuch eines Fastfood-Restaurants war dann der Gipfel der Verschwendung: Von den 24 Euro, für die eine dreiköpfige Familie Essen verzehrt, bleiben mindestens 30 Prozent angebissen oder ungetrunken auf dem Tablett. Dazu noch ein Berg von Papp-, Papier- und Plastikmüll!

Etwa sechs Euro Lebensmittel wandern so in den Müll und etwa acht Euro des Fastfood-Menüs.

Mittwoch:

Servicedurchsage am Frühstückstisch: Wer will den Rest Marmorkuchen? Keiner meldet sich! Der Vater als Müllschlucker? Okay, Strohtrocken-Kuchen schmeckt zwar nicht, aber für das gute Gewissen nehme ich das marmorierte Stück mit in den Job.

Der zweite größere Einkauf im Supermarkt geht nun streng nach Rezepten, Portionsgrößen und Zutaten. Denn beim Einräumen zeigt sich, wie unkoordiniert der Samstagseinkauf war: Nur eine Paprika von dreien wurde gegessen, ein halber Salatkopf ist welk, der aufgerissene Quark trocknet aus, eine Banane ist braun geworden und eine angebrochene Proseccoflasche dümpelt im Kühlschrank vor sich hin.

So werden mindestens zehn Euro sinnlos vernichtet.

Donnerstag:

Trotz guter Planung bleibt ein großer Teil der Grünkohllasagne übrig, und das restliche Hackfleisch riecht nicht mehr frisch. Frühlingszwiebeln, Kohlrabi und aufgeschnittene Äpfel der Vortage sind braun geworden. Außerdem gehen erstaunlich große Mengen von Müsli, das mit Milch gemixt wurde, ungegessen in den Müll. Das Eis ist versehentlich aufgetaut und wird ebenfalls weggeworfen.

Etwa fünf Euro Verlust.

Freitag:

Schade um den sündteuren italienischen Schinken – nur drei von sechs Scheiben wurden gegessen – der Rest riecht säuerlich. Auch das Biobrot vom Mittwoch schmeckt heute nicht mehr top.

Außerdem landen Mandarinenstücke und eine halbe Gurke im Abfall.

Mindestens vier Euro sind so vergeudet.

Resümee:

Der erste Teil der Woche brachte deutlich zu viel Abfall, im Mittel werden bei der Autorenfamilie pro Tag zehn Euro und mehr vermüllt, das ist sogar deutlich mehr als die vier Euro, die eine durchschnittliche deutsche Familie sinnlos in nicht verwertete Nahrungsmittel verwandelt.

Mit etwas Planung (Einkaufen nach Liste, Kochen nach Rezept, Berechnung der Portionsgrößen) kann der Anteil minimiert werden. Doch der Blick in den Kühlschrank bringt selbst bei kluger Planung Ernüchterung: Viele der während der Woche gekauften Packungen sind angebrochen und kaum noch verwertbar. Nur durch Weiterverwendung in kreativen Resterezepten können die wertvollsten Nahrungsmittelreste vielleicht noch vor dem Mülleimer bewahrt werden!

Kluges Konsumieren
Erstaunlich, wie wenig Essen wir eigentlich brauchen

>*»Kontrolliert euren Appetit, Ihr Lieben,*
>*und Ihr habt die menschliche Natur erobert.«*
>Charles Dickens

Richtig planen, schlau einkaufen

Haben Sie schon mal einen kritischen Blick in die Einkaufswagen im Supermarkt geworfen? Warum kauft das junge Pärchen die ganze Staude mit zehn Bananen dran – sind die beiden einfach zu faul, vier Stück abzutrennen? Und wie kundenfreundlich sind die immer häufiger angebotenen XXL-Packungen für einen Singlehaushalt? Es ist kein Wunder, dass viele Deutsche zu viel einkaufen. Jeder Vierte wirft Nahrungsmittel deshalb weg, weil die Packungen einfach zu groß sind. Wenn 500 Gramm Toastbrot 1,09 Euro kosten – und die Hälfte nur 10 Cent weniger, lohnt sich das Nachdenken anscheinend nicht. Oft zahlt es sich nicht genug aus, bewusster einzukaufen.

Viele Psychologen haben das Einkaufsverhalten untersucht und kommen dabei zu den immer gleichen Ergebnissen: Essen und Einkaufen sind höchst emotionale – bei manchen Menschen sogar suchtartige – Aktionen, die gnadenlos von der Industrie durchschaut und ausgenutzt werden. Deren Bemühungen laufen natürlich darauf hinaus, den Umsatz anzutreiben – was mit den Nahrungsmitteln geschieht, ist doch einem Supermarktboss völlig egal. Wir müssen diese psychologischen Phänomene, die uns zu unsinnigen Einkaufstrips verleiten, durchschauen und das Einkaufen und die Nahrungszubereitung auf ihre rationale Basis zurückführen: Wie viel wovon wofür? Danach beginnt das kulinarische Genießen! Hier einige Psycho-, Sozial- und Verhaltensphänomene rund ums Shoppen und Kochen:

- Menschen kaufen nicht das ein, was sie wirklich brauchen, sondern die Produkte, von denen sie glauben, dass sie diese benötigen. Es sind also meistens irrationale, hochgradig vom Gefühl geleitete Prozesse, die uns mit übervollem Einkaufswagen an der Kasse ankommen lassen. Und oftmals sind nicht die Produkte drin, die wir ursprünglich wollten, sondern Eiskonfekt, Schoko-Crossies, Erdnussflips, Prosecco, Avocados und Shrimps in provenzalischer Sauce, weil wir Gelüste darauf hatten. Wirklich brauchen tut das Zeug eigentlich niemand zur Ernährung, aber kulinarische Wünsche wollen eben auch befriedigt werden.
- Wer hungrig in den Supermarkt geht, kommt mit viel mehr Produkten und viel mehr unnötigen Produkten an der Kasse an.
- Viele Kunden kaufen viel zu viel ein, weil sie die benötigten Portionen falsch – und fast immer zu groß – einschätzen.
- Die Verführungskunst in den Supermärkten wird immer subtiler: Verlockende Düfte, attraktive Verpackungs- und Darreichungsformen, Musik und lange Wege zur Kasse steigern den Konsum – und das Event-Shopping wird immer beliebter.

- Die meisten Menschen kochen viel zu große Portionen – der Überfluss wird nicht sanktioniert, Nachhaltigkeit dagegen, etwa in Form klein gehaltener Portionen, schon.
- In vielen Ländern gehört das Übriglassen von Speiseresten zum guten Ton. Wer den Teller gänzlich leert, so die verhängnisvolle Verschwenderinterpretation, hätte eigentlich noch Lust verspürt, mehr zu essen. Aber es war offenbar nicht genug auf dem Teller.

Alle diese Phänomene tragen dazu bei, dass die Kunden am Ende mehr Produkte mitnehmen und bezahlen als geplant. Außerdem werden von den bevorrateten Lebensmitteln meist zu große Mengen für die Zubereitung des geplanten Menüs verwendet. Haben Sie eigentlich eine Haushaltswaage? Und setzen Sie diese beim Abmessen der Zutaten ein?

Die logische Folge: Im Kühlschrank und Küchenschrank landet immer mehr Zeug, das mit sinnvoller Ernährung nichts zu tun hat.

Dagegen hilft nur eins: Planung! Nur mit konziser Planung des Essens lässt sich die Sucht an permanenter Überversorgung bekämpfen und die damit verbundene Abfallmenge reduzieren.

Wenn man in die Abfalleimer einer Familie schaut, bietet sich auf der ganzen Welt das gleiche Bild: Becher, Papier, Brotreste, Fruchtschnipsel und Gemüse. Ob in Deutschland, der Schweiz oder China: Der Hausmüll besteht zu mindestens 10 Prozent aus essbaren Lebensmitteln. Für erstaunlich viele Zeitgenossen ist das Wegwerfen von Nahrungsmitteln auch nicht negativ besetzt. Obwohl sie es vielleicht nicht öffentlich zugeben würden, bietet das Wegwerfen die Möglichkeit, Platz zu schaffen. Man hat manchmal den Eindruck, es ist dem Homo verschwendicus ein tiefes Bedürfnis, halbvolle Toastbrotpackungen, Gurkengläser oder angeknabberte Äpfel im Mülleimer verschwinden zu lassen: »Tabula rasa« machen, ja, das ist, wenn man es nicht hinterfragt, ein lustvoller Akt der Reinigung. Und man schafft Platz für Neues – es lebe der Konsumwahnsinn!

Mit etwas Know-how und Planung kann man die eigene Abfallbilanz jedoch dramatisch verbessern. Die wichtigsten Grundsätze sind:

- nur kaufen, was gebraucht, also gegessen wird,
- nur so viel kaufen, wie in absehbarer Zeit verbraucht wird,
- Vorräte nur für sehr lange haltbare Nahrungsmittel anlegen,
- Essensplan für eine Woche konzipieren,
- vor dem Einkaufsplan erst einmal die vorhandenen Nahrungsmittel und Speisereste verwenden,
- einen Einkaufsplan zusammenstellen,
- im Einkaufsplan auch süße Leckerli, salzig-fette Knabbereien oder ggf. Wein und Bier einplanen (Das ist immer besser, als ungeplant Kalorienopfer zu werden!),
- nicht hungrig oder durstig zum Einkaufen gehen.

TIPP: Legen Sie einmal zur Orientierung einen Essensplan für eine Woche an. Um so einen Plan erstellen zu können, muss man erst einmal ermessen, wie viel man selbst bzw. die Familie pro Tag oder Woche an Speisen und Getränken benötigt.

Wie viel esse ich eigentlich?

Nach aktuellen Ernährungsstudien vertilgt der durchschnittliche Deutsche etwa 1,2 Kilogramm Nahrung pro Tag und trinkt etwa 1,5 Liter Flüssigkeit. Natürlich hängen die Mengen von Geschlecht, Alter, Gesundheit und Ernährungsgewohnheiten ab. Aber als grobe Orientierung sind 1,2 Kilo Essen pro Tag ganz gut. Leider sind darin meistens zu viele Kalorien verborgen – aber das ist ein anderes Thema. Mit 1,2 Kilo Obst, Gemüse, Brot, Nudeln, Reis, Milchprodukten und etwas Fisch und Fleisch werden wir allemal satt! Um aus diesen Gewichtsangaben einen Einkaufszettel zu gestalten, schauen wir uns die typischen Portionsgrößen der wichtigsten Nahrungsmittel und Speisen an. Ernährungswissenschaftler geben folgende Mittelwerte für Erwachsene an. Für Kinder zwischen fünf und zehn Jahren kann man etwa von halben Portionen ausgehen, in höherem Alter entsprechend mehr:

Nahrungsmittel/Speise	typische Portionsgröße für Erwachsene
2 Scheiben Brot zum Frühstück	80 g
Brotaufstrich	20 g
Wurst/Käse als passender Brotbelag	50–80 g
1 Apfel	150 g
1 Banane (ohne Schale)	150 g
1 Birne	180 g
1 Grapefruit (ohne Schale)	150 g
Joghurt, Quark	125 g

Nudeln trocken/gekocht	125 g / 250 g
Kartoffeln als Beilage	250 g
Reis als Beilage trocken/gekocht	70 g /200 g
Gemüse (geputzt) als Beilage	150 g
Salat als Beilage (Rohkost)	100 g
Salatdressing	20 g
Fleisch (mit Knochen)	200 g
Fleisch (ohne Knochen)	150 g
Soße zu Fleischgerichten	80 g
Fischfilet	180 g
Wurst (Wiener, Bratwurst)	150 g
Stück Torte	150 g
Pudding	125 g
Obstdessert	150 g
Eis als Dessert	100 g

Auch bei der Kalkulation von Getränken verschätzen sich viele Verbraucher:

Tasse Kaffee	125 ml/g
Milchkaffee	250 ml/g
Teetasse	150 ml/g
Größere Teetasse	200 ml/g

XXL-Teetasse	400 ml/g
Glas Schnaps	20 ml/g
Glas Sekt	80 ml/g
Glas Wein	100 ml/g
Glas Bier	250 ml/g
Eine Maß Bier	1000 ml/g

Der optimierte Speiseplan für eine Woche

Um alle kulinarischen Bedürfnisse für sieben Tage abschätzen zu können, braucht man schon etwas Erfahrung. Selbst erfahrenen Küchenchefs treibt diese Arbeit oft den Schweiß auf die Stirn: Was koche ich heute, morgen und am Sonntag? Und nicht immer passiert das, was im Wochenplan vorgesehen war – eine spontane Essenseinladung eines Kollegen kommt dazu, oder das beabsichtigte Grillen am Samstagabend fällt flach, weil es regnet!

So sieht ein typischer erster Montag im Wochenplan eines durchschnittlichen Drei-Personen-Haushalts aus:

Montag
Frühstück
300 g Bauernbrot, 80 g Schinken, 25 g Butter, 50 g Marmelade, 150 g Quark, 1 Apfel, 1 Birne
1 Tasse Kakao (100 ml Milch, 1 TL reiner Kakao)
4 Tassen Kaffee
3 Gläser Orangensaft

Mittagessen
Die Erwachsenen in der Kantine, das Kind in der Schule, dazu
vorher seine Brotzeit: geschälte Möhren- und Fenchelstücke,
Brötchen und eine 0,25-l-Flasche stilles Wasser

Abendessen
300 g Nudeln, 1 Glas Tomatensoße, 30 g Reibekäse, ½ Gurke,
½ Glas Rote Beete, 4 Fischstäbchen, 3 Portionen Schokoeis

Snacks

Getränke
0,3 l Rotwein

Einladung?
Heute nicht

Wenn Sie auf dieser Basis Ihre kulinarischen Wünsche für eine
Woche abschätzen und die Nahrungsmittel mit ungefährer Men-
genangabe eintragen, erhalten Sie einen Überblick über die tat-
sächlichen Bedürfnisse und Mengen, die Sie oder Ihre Familie
vertilgen.

Am besten kopieren Sie einen leeren Wochenplanvordruck von Seite 80 ff. und füllen ihn nach bestem Wissen aus. Zuerst geht es aber
auf Recherche in die Küche, Speisekammer, zum Kühlschrank oder
überall dorthin, wo Sie Vorräte bunkern. Aus den Resten kreieren
Sie die Gerichte der kommenden Woche. Die Strategie ist dabei immer, sich die am wenigsten haltbaren Lebensmittel auf den Tisch
zu legen oder sie sich zumindest sensorisch vorzustellen. Grund-

regel: Was schnell kaputtgeht, muss zuerst verbraucht werden. In der Regel ist das die richtige Reihenfolge:

Im Kühlschrank/Gefrierschrank:
Frisches portioniertes Fleisch (speziell Hackfleisch) oder Wurst
Essensreste im Kühlschrank
Angeschnittenes Obst
Milchprodukte mit abgelaufener Haltbarkeit
Gemüse
Geöffnete Produktbehälter (zum Beispiel Glas mit eingelegten Gurken)
Milchprodukte mit längerer Haltbarkeit
Tiefkühlprodukte

Im Küchenschrank/Keller:
Obst
Gemüse
Frisches Brot/Brötchen
Haltbare Backwaren (Toast, Aufbackbrot)
Lang haltbare Produkte: Nudeln, Reis, Dosen

Nach der Küchenbilanz können Sie kreativ werden: Was könnte zu einer halben Paprika, einem Teller Nudeln von gestern und einem 80-Gramm-Rest Schinken passen? Welches Gericht, welche anderen Reste könnten eine kulinarische Ergänzung sein?

Wenn Ihnen gerade keine Idee in den Sinn kommt, blättern Sie doch einfach auf Seite 217 ff. Dort finden Sie für die wichtigsten Nahrungsmittel und Speisereste passende Ergänzungen. Alles, was Sie nicht schon zu Hause haben, kommt auf den Einkaufszettel.

Der Speiseplan für Ihre Woche

Montag	
Frühstück	
Mittagessen	
Abendessen	
Snacks	
Getränke	
Einladung?	
Dienstag	
Frühstück	
Mittagessen	
Abendessen	
Snacks	

Getränke	
Einladung?	
Mittwoch	
Frühstück	
Mittagessen	
Abendessen	
Snacks	
Getränke	
Einladung?	
Donnerstag	
Frühstück	
Mittagessen	

Abendessen	
Snacks	
Getränke	
Einladung?	
Freitag	
Frühstück	
Mittagessen	
Abendessen	
Snacks	
Getränke	
Einladung?	
Samstag	
Frühstück	

Mittagessen	
Abendessen	
Snacks	
Getränke	
Einladung?	
Sonntag	
Frühstück	
Mittagessen	
Abendessen	
Snacks	
Getränke	
Einladung?	

Wie oft gehen Sie einkaufen?

Aktuelle Studien (zum Beispiel BBE Media) zeigen, dass die Frische der Ware und ein sauberes Geschäft für 61 Prozent der deutschen Konsumenten die wichtigsten Kriterien beim täglichen Einkauf sind. Dann folgen der Preis (52 Prozent) und die Qualität der Ware (51 Prozent). Der beliebteste Einkaufsort der Verbraucher ist und bleibt der Supermarkt. 78 Prozent kaufen hier häufig ein. Es gibt übrigens ganz unterschiedliche Einkaufstypen:

Die Mehrheit (65 Prozent) genießt das Schlendern durch den Supermarkt – viele brauchen das anscheinend als kulinarische Vorstufe des Kochens und Verspeisens. Diese Menschen kurven vergnügt um Regale und Tiefkühltruhen und stehen manchmal nach 30 Minuten Tengelmann- oder Edeka-»Cruising« mit nur ganz wenigen Artikeln im Wagen an der Kasse.

Viele empfinden das Einkaufen jedoch als ständige Plage und chronische Zeitverschwendung – sie gehen jede Woche höchstens einmal in den Supermarkt und laden den Einkaufswagen entsprechend voll.

Stresskäufer rasen im Eiltempo durch den Regalirrgarten, meistens mit Einkaufskorb. Denn wo ist der Euro oder Chip für den Wagen? Sie sind auch viel zu unbeweglich und zu langsam, die Dinger. Also mit Karacho die Liste abarbeiten und dann an die Kasse – mit hochrotem Kopf stehen die Turboeinkäufer in der Schlange. Wird eine Kasse neu eröffnet oder bietet sich die Möglichkeit, unbemerkt den Vordermann zu überholen, sind solche Stresskäufer ganz, ganz schnell.

Und bei welchem Typ fühlen Sie sich angesprochen?

Die meisten Menschen beziehungsweise Familien in Deutschland gehen im Schnitt dreimal pro Woche in den Supermarkt, und das ist ein vernünftiger Zyklus, um nicht zu viel Zeit zu verlieren und doch immer frische Sachen zu Hause zu haben.

Halten wir uns auch an den Mittelwert des Durchschnittsdeutschen und planen drei Einkaufszettel für die kommende Woche. Kalkulieren Sie bei leicht verderblichen Waren eher knapp und bei lang haltbaren lockerer. Wenn eine Packung Nudeln oder eine Tafel Schokolade zu viel im Einkaufskorb landet, ist das überhaupt kein Problem – ein Kilo Erdbeeren, das nicht wirklich benötigt, wirklich gewünscht und verarbeitet wird, ist hingegen eine arge Verschwendung!

TIPP: Verderbliches Gemüse/Obst/Milchprodukte/frische Backwaren bei der Einkaufsplanung eher knapp kalkulieren!

Die Einkaufslisten: Wocheneinkauf, Wochenende, Party

Stellen Sie nun in den nächsten Wochen konkrete Einkaufslisten für Ihre Woche zusammen – nur so bekommen Sie eine wirkliche Vorstellung von den Mengen, die Sie tatsächlich benötigen, und den Dingen, die im Einkaufswagen als Leckerli oder kulinarischer Extraluxus (»de luxe«) landen:

Einkaufslisten

1. Für **Montag**
Verderbliches:
- Obst
- Gemüse

- Fleisch
- Wurst
- Milchprodukte
- ......
- ......
- ......

Haltbares:
- Tiefkühlkost
- Dosen
- Reis/Trockenware

Getränke:

de luxe?

2. Für **Mittwoch**
Verderbliches:
- ......
- ......
- ......
- ......
- ......

Haltbares:
- ......
- ......
- ......

Getränke:

de luxe?

3. Für das **Wochenende**
Verderbliches:
- ......
- ......
- ......
- ......
- ......

Haltbares:
- ......
- ......
- ......

Getränke:

de luxe?

4. Für eine **Party/Essenseinladung**
Verderbliches:
- ......
- ......
- ......
- ......
- ......

Haltbares:

- ......
- ......
- ......

Getränke:

de luxe?

Party-Tipp: Bereiten Sie schon vorher mögliche Verpackungen für Doggybags vor: Plastikboxen, Alu- und Kunststofffolie, um die Reste des Gelages unter den Gästen zu verteilen.

Apropos Doggybag: Hier möchten wir Ihnen nicht den Wikipedia-Eintrag zum Thema vorenthalten, da er die Doppelmoral der Wohlstandsgesellschaft sehr schön zum Ausdruck bringt:

»Offiziell sind die eingepackten Reste für den Hund der Gäste bestimmt, so die Sprachregelung. Dabei ist es jedoch unerheblich, ob überhaupt ein Hund zum Haushalt der Gäste gehört, ob dieser mit im Restaurant war oder eventuell gar bereits dort versorgt wurde. De facto sind die Reste meistens für die Gäste selbst oder für Daheimgebliebene bestimmt.

In den Vereinigten Staaten ist es inzwischen generell unüblich geworden vorzuschützen, die Reste der Mahlzeit seien für den Hund bestimmt. Stattdessen bittet man den Kellner dort um eine Box (zumeist eine verschließbare Schachtel aus Schaumpolystyrol).

In vielen Restaurants werden zwecks Kundenbindung übrig gebliebene Speisereste auf Wunsch eingepackt. Entweder bitten die Gäste beim Kellner darum, oder aber das Gasthaus bietet bei üppigeren Resten großer Portionen das Reste-Einpacken zum Schluss einer Mahlzeit als Dienstleistung an. Gängig ist das

Verfahren in Deutschland insbesondere bei griechischen, kroatischen und chinesischen, aber auch in deutschen Restaurants, allerdings nicht in der gehobenen Kategorie.«
(Quelle: http://de.wikipedia.org/wiki/Doggybag)

Es ist also Teil unserer Bewusstseinserweiterung, Kellner ganz offenherzig zu bitten, das leckere, übrig gebliebene Schnitzel einzupacken – verbunden mit einem Lob an die Küche ist dies sicherlich auch in besseren Restaurants »der gehobenen Kategorie« eine angemessene Bitte. Wenn Sie der Sterne-Kellner schief ansehen sollte, wäre das eher ein Grund, den Gourmettempel zu wechseln.

Effizient kochen: Viel verwerten, wenig wegwerfen

Dieses Kapitel ist unseren Eltern und Vorfahren gewidmet – denn sie hatten in der damaligen Mangelwirtschaft keine Möglichkeit, irgendwelche Nahrungsmittel oder Speisereste – sofern vorhanden – wegzuwerfen. Wir können also von Oma und Opa eine Menge lernen, um den Abfallberg und die Verschwendung zwischen Supermarkt und Mülleimer zu minimieren. Übrigens: Die meisten der bekannten TV-Köche können bei unserem Thema nicht als Vorbild fungieren, zelebrieren sie doch die feine Sterneküche oder die deftige Landküche – Gedanken um Ressourceneffizienz macht sich da kaum einer. Ich erinnere mich sogar an ein Rezept eines französischen Spitzenkochs, der für einen Gemüseeintopf (Ratatouille) nur die Schalen von Tomaten verwendete – was man mit dem Fruchtfleisch machen sollte blieb sein Geheimnis. Es landeten also – streng nach Sternekochrezept – 95 Prozent der Tomaten im Müll.

So machen wir es nicht! Als erste Maßnahme hilft die Kommunikation, Verschwendung zu verhindern. Und wenn Sie der oder die Essensverantwortliche sind, hilft eine kleine, kurze Abfrage nach kulinarischen Wünschen, Plänen und dem Hunger, ein Menü zusammenzustellen und die optimalen Portionen zu bestimmen.

Hast du heute Lust auf Nudeln oder Pizza? Habt ihr großen Hunger oder keinen? Welche Nachspeise ist denn angesagt? Solche Fragen mögen geradezu trivial und mitunter nervig sein – speziell, wenn Sie an spielende Kinder oder arg anderweitig beschäftigte Partner gerichtet werden. Aber die kurze Abfrage hilft enorm bei der Planung und verhindert das Einkaufen und Zubereiten von ungeliebten oder unpassenden Gerichten. Allerdings müssen wir Wohlstandsbürger uns auch fragen, ob wir uns diesen kulinarischen Maßlosluxus leisten wollen. Früher hieß es: Gegessen wird, was auf den Tisch kommt. Heute wird oft schon die Form der Nudel zum Problem! »Spaghetti mag ich nicht, ich will grüne Nudeln oder Penne!« Kennen Sie solche Beschwerden und Umbestellungen? Zum Beispiel aus dem Mund eines Dreikäsehochs? Um möglichst wenig Abfall zu erzeugen, befolgen Sie einfach mehrere Prinzipien, die eine spätere Aufbewahrung und Weiterverwendung erleichtern:

- Je weiter Produkte verarbeitet sind, umso weniger Möglichkeiten der Weiterverwertung gibt es.
- Bestimmen Sie die Größe der Portionen aller Menüzutaten vorher möglichst genau – es muss nicht die ganze Packung Reis oder die ganze Zucchini sein!
- Verarbeiten Sie nur, was wirklich benötigt wird, und verpacken Sie die Reste (Obst, Gemüse, Milchprodukte, Fleisch) sofort professionell, und kühlen Sie diese bzw. frieren Sie die Res-

te wenn möglich ein. So sind portionierbare Tiefkühlprodukte besser einteilbar als Spinat in Ziegelsteinform.

- Fisch und andere Meeresfrüchte müssen nach dem Auftauen und anschließendem Kochen verbraucht werden – bemessen Sie deshalb genau die benötigte Menge.
- Überlegen Sie vor der Verarbeitung, welche Bestandteile als Reste weiterverwendet werden können und welche nicht.
- Vermischen Sie Menüzutaten nicht unnötig! Es ist besser, diese bis zum Teller separiert zu lassen – das erleichtert das Aufbewahren im Kühlschrank/Tiefkühlfach.
- Kochen, Dünsten, Braten und alle anderen Formen des Erhitzens machen empfindliche Produkte (Gemüse, Fleisch) mitunter länger haltbar.
- Teilen Sie die Menüzutaten lieber in kleinen Portionen aus und geben lieber auf Wunsch einen Nachschlag.

Konkreter Fall: Sie bereiten ein typisch deutsches Wochenendfestmahl (Rinderroulade mit Kartoffelbrei und Rotkohl, Eis mit heißen Himbeeren und Pfirsich als Dessert) für vier Personen vor.

Kartoffelbrei: Für vier Esser kalkulieren Sie etwa acht mittelgroße Kartoffeln, also ca. 800–1000 g. Die Kartoffeln schälen Sie, schneiden sie klein und kochen sie, bis sie weich sind. Wenn Sie gleich alle Kartoffelstücke zu Püree verarbeiten, bleibt am Ende garantiert ein großer Batzen klebriger Masse übrig, mit dem Sie dann nicht mehr viel anfangen können – die gekochten Kartoffelstücke lassen sich hingegen gut aufbewahren und weiterverwenden (zum Beispiel zu Bratkartoffeln) oder sehr schnell zu frischem Kartoffelbrei pürieren.

Rotkohl: Als Beilage reicht meistens eine handelsübliche 500-Gramm-Packung Tiefkühlrotkohl. Oder Sie nehmen noch etwas aus einer zweiten Packung und frieren den Rest gleich wieder ein – das ist der Vorteil von portionierbarer Ware! Bei frischem Rotkohl reicht ein kleiner Kopf. Das Aufbewahren ist hier kein Problem – im Kühlschrank bleiben gekochte Reste zwei bis drei Tage frisch, tiefgekühlt überstehen sie mehrere Monate.

Fleisch/Rouladen: Für vier Personen können Sie sechs bis acht Rouladen kalkulieren – Sie sollten alle Rouladen verarbeiten, da diese im frischen Zustand nicht lange haltbar sind. Durchgegarte Rouladen halten jedoch im Kühlschrank mehrere Tage, im Tiefkühlfach sogar einige Wochen lang (das gilt auch für Bratwürste, Hackfleisch und viele andere Fleischsorten und Produkte).

Die servierfertigen Teller garnieren Sie mit nur einer Roulade, einem Schöpflöffel Kartoffelbrei, einem Klecks Bratensoße und einer Portion Rotkraut. Die Reste bleiben in verschlossenen Töpfen auf der Warmhalteplatte. Nachschlag gefällig? Was übrig bleibt, kommt in den Kühlschrank oder ins Gefrierfach.

Auch bei der Nachspeise sind Sie zunächst sparsam: Nur eine Kugel Vanilleeis mit einem Klecks heißer Himbeeren und einigen Schnitzen frischem Pfirsich. Es ist besser, noch eine zweite Runde einzulegen, als am Ende auf einem Riesenabfallberg sitzenzubleiben!

Was passt zu Bratkartoffeln? Wie verwerte ich übrig gebliebene Brötchen? Und wie kann ich einen halben Apfel noch verwerten? Was Sie mit den Resten aus dem Küchenschrank und Kühlschrank konkret noch anstellen können, haben wir in einigen Rezeptempfehlungen am Ende des Buches zusammengefasst.

Erkennbarer Verderb

Nur vertrocknet, vergoren oder schon verschimmelt?

Wichtiger Hinweis: Selbstverantwortung des Lesers und Verbrauchers

Die Autoren haben den aktuellen Stand der Ernährungs- und Hygieneforschung in ihrer Recherche zusammengetragen und äußerst sorgfältig abgewogen, welche Vor- und Nachteile eine Verwertung von Essensresten mit sich bringt. Wenn in diesem Buch geschildert wird, dass bestimmte Nahrungsmittel auch nach dem Ablauf des Mindesthaltbarkeitsdatums trotz längerer Lagerung oder trotz erster Verderbsspuren (wie etwa Gefrierbrand) teilweise noch genießbar sind, befreit dies den Leser nicht von seiner alleinigen Verantwortung und Sorgfaltspflicht zu entscheiden, ob ein Produkt verdorben ist oder nicht. Die Autoren bzw. der Verlag sowie dessen Beauftragte übernehmen ausdrücklich keine Verantwortung für die Folgen einer unsachgemäßen Aufbewahrung oder Aufbereitung sowie des Verzehrs verdorbener Nahrungsmittel!

Wann sind Lebensmittel nicht (mehr) zum Verzehr geeignet?

Für Verbraucher ist es gar nicht so einfach herauszufinden, ob Lebensmittel gut oder verdorben sind – auch manche Angaben auf den Packungen sind irritierend. Können Sie etwa alle Bestandteile der Zutatenliste eines Kuchens in einer Fertigpackung beurteilen? Ein Hauptgrund dafür, Lebensmittel wegzuwerfen, ist der Zweifel, ob das Produkt aus Sicht der Qualitätsanforderungen oder vom gesundheitlichen Standpunkt aus noch geeignet ist, gegessen zu werden oder nicht. Um dies wirklich sicher einschätzen zu können, bedarf es einiger Erfahrung. Sollten sich eindeutige Hinweise auf Verderb zeigen, wie abweichender Geruch, so ist die Entscheidung im Allgemeinen leicht zu treffen. Schwieriger wird es immer dann, wenn man sich unsicher ist, ob bereits beginnende Veränderungen vorliegen bzw. ob diese so gravierend sind, dass man das Produkt (vorsichtshalber) besser entsorgen sollte. Mit der Frage, worin sich denn Verderbserscheinungen bei den verschiedenen Lebensmitteln äußern, ist der »Normalverbraucher« oftmals überfordert. Insbesondere in solchen Fällen kommt man ohne eine gewisse Sachkenntnis, die auf Wissen und Erfahrung beruht, nicht aus. Sich diese anzueignen sollte eine Selbstverständlichkeit sein, so wie das auch in anderen Lebensbereichen zunehmend der Fall ist. So verfügen immer mehr Menschen über enormes Sachwissen, um iPhones oder Spielkonsolen zu bedienen oder günstigste Flatrates für das Internet zu berechnen.

Hingegen ist das Know-how in der Bevölkerung über Herstellung, Beschaffenheit, Risiken und Zubereitung von Lebensmitteln leider stark rückläufig. Und das bei Produkten, mit denen wir täglich mehrmals zu tun haben und die einen unmittelbaren Einfluss auf unseren Körper, unsere Gesundheit und unser Wohlbefinden haben! Wissen Sie, wie man Eier einlegt, oder können Sie Giftpilze von essbaren unterscheiden?

Einerseits wird dieses Wissen bei Kindern und Jugendlichen im Elternhaus offenbar immer weniger gefördert, andererseits gibt es heute so viele andere interessante Themenbereiche in unserem Leben, dass man sich die Zeit für so etwas »Selbstverständliches« und »Profanes« nicht mehr nehmen mag. Zwar besteht ein zunehmendes Interesse an einer gesunden Ernährung, eine gesteigerte Sensibilität gegenüber Lebensmittelskandalen und eine mitunter unverhältnismäßige Furcht vor Erkrankungen – nichtsdestoweniger bleiben die Kenntnisse über Qualitätsanforderungen und die richtige Handhabung von Nahrungsmitteln sowie mögliche Veränderungen bei Lebensmitteln weit dahinter zurück.

Hinzu kommt der Trend, dass die Vielfalt im Lebensmittelangebot erheblich zugenommen hat; immer mehr neue Produkte, hergestellt mit neuen Technologien und in neuen Verpackungs- und Zubereitungsformen, kommen auf den Markt. Sie stellen hohe Anforderungen an den Verbraucher: Wie soll er die Haltbarkeit bewerten oder mögliche hygienische Risiken einschätzen?

Im Zweifelsfall Experten befragen – das kostet aber Zeit

Natürlich gibt es Lebensmittelfachleute in der Herstellung und im Handel, die sich bestens auskennen – aber oft stellt sich eben erst beim individuellen Endverbraucher die Frage nach der (Noch-) Eignung eines Lebensmittels zum Verzehr. Grundsätzlich kann jeder Konsument die Möglichkeit nutzen, sich im Einzelfall beraten zu lassen, so z. B. bei den Spezialisten der Lebensmittel- und Veterinärüberwachungsämter, die es in Deutschland flächendeckend gibt. Auch gibt es die Möglichkeit, Produkte fachkundig im Lebensmittellabor des zuständigen Landesuntersuchungsamtes oder in privaten Labors untersuchen zu lassen. Aber Letzteres kostet Geld und Zeit, sodass es sich bei der relativ geringen Lebensmittelmenge und der Dringlichkeit der Frage oftmals nicht unbedingt anbietet, diesen Weg zu gehen. Wohl aber nehmen die erwähnten Behörden auch Beschwerden entgegen und gehen diesen nach, wenn ein Verbraucher eine Ware mit Mängeln im Lebensmittelhandel reklamiert, seine Reklamation aber als unbegründet zurückgewiesen wird. Dann kann er die »amtliche« Hilfe der Lebensmittelüberwachungsbehörden in Anspruch nehmen, um zu seinem Recht zu kommen. Aber letztlich ist es für die tägliche Entscheidung viel besser, über eigenen Sachverstand zu verfügen. Sich dieses Wissen anzueignen wäre nicht nur ein wirkungsvoller Beitrag, dem »Wegwerfwahn« zu begegnen, sondern böte dem individuellen Verbraucher und seinen Familienmitgliedern auch ein höheres Maß an Sicherheit bei seinen täglichen Entscheidungen im Küchenbereich. Kenntnisse über Lebensmittel, die »Mittel zum Leben«, sollten wieder selbstverständlicher Bestandteil der Allgemeinbildung werden.

Im Folgenden sollen einige Begriffe und Grundsätze, die zum weiteren Verständnis wichtig sind, erläutert werden. Die zentrale Frage lautet: Welche wichtigen Forderungen sind an jedes Lebensmittel zu stellen?

- Lebensmittel müssen gesundheitlich unbedenklich sein.
- Lebensmittel müssen zum Verzehr geeignet sein, sie dürfen nicht verdorben oder ekelerregend sein (Verzehreignung).

- Lebensmittel dürfen nicht Anlass zur Täuschung des Verbrauchers bieten.
- Lebensmittel dürfen keine nicht zugelassenen Zusatzstoffe enthalten.
- Lebensmittel dürfen keine Rückstände an Fremdstoffen (Chemikalien, Arzneistoffe, Insektenbekämpfungsmittel) enthalten bzw. festgelegte Höchstmengen nicht überschreiten.
- Lebensmittel müssen ausreichend gekennzeichnet sein.

Alle diese Anforderungen, die vorrangig dem Verbraucherschutz dienen, werden durch das europäische und deutsche Lebensmittelrecht abgesichert. Nur solche Lebensmittel, die allen für sie zutreffenden gültigen Rechtsvorschriften entsprechen, dürfen hergestellt, angeboten und verkauft werden. Man spricht hier von der sogenannten »Verkehrsfähigkeit« der Lebensmittel. Gesundheitlich bedenkliche oder verdorbene Produkte sind somit natürlich nicht verkehrsfähig.

Nach der Statistik amtlicher Lebensmitteluntersuchungen liegt die Beanstandungsrate der untersuchten Proben mit 14 Prozent relativ hoch. Einen großen Anteil daran hat die fehlerhafte Kennzeichnung.

Was versteht man unter »Lebensmittelqualität«?

Die Definition von Lebensmittelqualität ist theoretisch ganz einfach: Qualität ist die Summe der Eigenschaften einer Ware, die für den Verbraucher wichtig sind – so steht es in den Lehrbüchern. In der Praxis ist die Qualität eines Apfels oder einer Packung Hackfleisch nicht so einfach zu bestimmen. Denn Qualität ist ein vielschichtiger Begriff, bezieht er sich doch meist auf eine Vielzahl von Aspekten. Bei Lebensmitteln sind das die ernährungsphysiologische Zusammensetzung (Eiweißgehalt, Fettgehalt), sensorische Eigenschaften (Geruch, Geschmack, Aussehen, Konsistenz), aber auch der Frischegrad, die Art der Verpackung, der für die Zubereitung notwendige Aufwand, die Herkunft, das Image und nicht zuletzt auch die Kennzeichnung der Ware. Je nach Produkt und individueller Ansicht des Verbrauchers sind bestimmte Eigenschaften besonders wichtig (wertbestimmend), etwa der Frischegrad bei Eiern, frischem Fisch und Fleisch, oder die Haltbarkeit bei Konserven.

Ob ein Produkt eine besonders gute, mittlere oder schlechte Qualität aufweist, entscheidet in erster Linie der Verbraucher mit seinen Erwartungen. Diese Erwartungen, die natürlich auch sehr stark vom traditionell Üblichen geprägt sind, werden von Experten als »Allgemeine Verkehrsauffassung« eines Lebensmittels definiert. So gibt es für viele Lebensmittel klar definierte Qualitätsanforderungen, die im »Deutschen Lebensmittelbuch« zusammengefasst sind. Beispielsweise muss ein Fleischerzeugnis mit der Bezeichnung »Bierschinken« mindestens 50 Prozent sichtbare magere Fleischanteile als wertbestimmendes Merkmal enthalten. Andernfalls dürfte das Produkt – wenn es sonst keine Mängel aufweist – zwar noch verkauft werden, aber eben nicht mehr unter der Bezeichnung »Bierschinken«.

Rechtsvorschriften oder das Deutsche Lebensmittelbuch reglementieren allerdings bei weitem nicht alle Qualitätseigenschaften der Lebensmittel. Dem Hersteller bleibt meist eine relativ große Variationsbreite bezüglich der Qualität. Der Markt entscheidet letztlich, ob das Erzeugnis dem Bedarf entspricht oder nicht.

Die Qualität ein und desselben Produkts kann also erheblich

schwanken. So schmecken die Brötchen des Bäckers X besser als die des Bäckers Y. Dagegen kann niemand etwas einwenden, solange die Brötchen die Grundeigenschaften eines Brötchens besitzen. Geringe Qualitätsabweichungen sind unerheblich. Je frischer die Brötchen sind, also am besten unmittelbar nach dem Backen, desto höherwertiger gelten sie den meisten Verbrauchern. Dennoch ist das erst am Nachmittag verkaufte Brötchen immer noch hundertprozentig vollwertig und kann nicht etwa reklamiert werden. Erst wenn die Qualitätsminderung weiter voranschreitet, sodass die Abweichung nicht mehr unerheblich, sondern stärker ist, kann das Produkt als wertgemindert eingestuft werden. Es ist zwar in der Regel grundsätzlich auch noch zum Verzehr geeignet, aber die geringere Qualität wird zu demselben Preis nicht mehr akzeptiert. Das hat sich aber in der Bäckerei längst durchgesetzt, denn viele Betriebe bieten Ware von gestern verbilligt an.

Die Qualität von Lebensmitteln kann auch bei ein und demselben Hersteller in bestimmten Grenzen schwanken. Lebensmittel sind eben keine technischen Güter, die immer mit höchster Präzision und Konstanz hergestellt werden können, sondern sie entstammen der Natur und bestehen vorwiegend aus organischem Material. Pflanzliche und tierische Rohstoffe sind natürlich aufgrund vieler Einflussfaktoren nie völlig identisch. Obwohl dies zur Vielfalt der Qualitäten beiträgt und doch erwünscht sein müsste, scheint es eher ein Problem zu sein. Immer mehr Verbraucher wollen eine möglichst gleich bleibende Qualität, und es erstaunt, wie sehr es der Lebensmittelwirtschaft heute gelingt, eine konstante Qualität zu produzieren. Bei vielen Lebensmitteln nimmt die Qualität mit zunehmender Aufbewahrungsdauer oder bei falscher Lagerung ab. Das erfolgt je nach Produkt rasch oder über längere Zeiträume hinweg. Schreitet dieser Prozess fort, dann ist die Ware in ihrem Wert gemindert, bis sie schließlich nicht mehr zum Verzehr geeignet ist und als verdorben gilt.

Das Problem mit dem Mindesthaltbarkeitsdatum

Es ist nur ein kleiner, manchmal unscheinbarer Aufdruck auf Joghurts, Toastbrot, Milch oder anderen verpackten Produkten und gilt doch als Mitverursacher der Mülllawine: das Mindesthaltbarkeitsdatum, MHD. Viele Menschen sind geradezu fixiert auf den kleinen Stempel und wühlen bis in die hintersten Chargen des Regals, um Produkte mit noch längerem MHD zu erhaschen.

Das Mindesthaltbarkeitsdatum zeigt nicht an, bis wann ein Lebensmittel haltbar ist, sondern bis wann es seine ursprünglichen Eigenschaften bewahrt. Als verdorben gilt es danach noch längst nicht! Vielfach ist das Produkt noch völlig unverändert bzw. zeigt nur unerhebliche Abweichungen. Rührt man einen wässrigen Quark beispielsweise noch einmal um, ist er wieder cremig. Man sollte also stets bei Produkten mit abgelaufenem MHD prüfen, ob sie noch zum Verzehr geeignet sind, und nicht kritiklos sofort entsorgen.

Das MHD ist die in Deutschland und Österreich empfohlene Aufbrauchfrist für Nahrungsmittel. Dieses Datum auf den Fertigpackungen gibt an, bis wann ein Lebensmittel bei sachgerechter Aufbewahrung (insbesondere Einhaltung der im Zusammenhang mit dem MHD genannten Lagertemperatur) auf jeden Fall ohne wesentliche Geschmacks- und Qualitätseinbußen sowie gesundheitliches Risiko zu konsumieren ist. Da es sich um ein Mindesthaltbarkeits- und nicht um ein Verfallsdatum (siehe unten) handelt, ist das Lebensmittel in der Regel auch nach dem angegebenen Datum noch verzehrfähig. Bei stärkerer Kühlung kann das MHD vieler Produkte sogar weit überschritten werden, denn Kälte verlängert die Haltbarkeit enorm – siehe unten! Im Alltagsgebrauch wird das Mindesthaltbarkeitsdatum häufig mit dem Verbrauchsdatum bei Lebensmitteln verwechselt.

Das Verbrauchsdatum

Das Verbrauchsdatum gibt an, ab wann leicht verderbliche Lebensmittel eine unmittelbare Gefahr für die menschliche Gesundheit darstellen könnten (Hackfleisch, rohes Geflügelfleisch, Fisch). Nach Ablauf des Verbrauchsdatums dürfen diese Lebensmittel nicht mehr verkauft werden. Ist das Verbrauchsdatum erst zu Hause abgelaufen, gehören die Lebensmittel tatsächlich besser in den Müll.

Die gesetzlich vorgeschriebene Kennzeichnung lautet: »zu verbrauchen bis ...«. Zusätzlich müssen die Hersteller auch hier die Aufbewahrungsbedingungen (Kühlhinweis) angeben. Nach Ablauf des Verbrauchsdatums dürfen in Deutschland Lebensmittel nicht mehr angeboten werden.

Das Verfallsdatum

Das Verfallsdatum (manchmal auch Verfalldatum genannt) ist auf Arzneimittel und Medizinprodukte beschränkt. Es ist inhaltlich mit dem für Lebensmittel geltenden Begriff des Verbrauchsdatums gleichzusetzen. Das Verfallsdatum ist das auf der Verpackung angegebene Datum, bis zu dem das Produkt maximal verwendet werden sollte (Laufzeit seitens des Herstellers). Allerdings muss das Produkt bis dahin entsprechend den Vorgaben gelagert worden sein, denn sonst können sich Qualität und Wirkung der Inhaltsstoffe verändert haben.

Fertigarzneimittel in Verpackungen zur Mehrfachentnahme enthalten neben dem Verfallsdatum häufig zusätzlich eine Angabe zur Haltbarkeit nach dem ersten Öffnen (etwa nach Anbruch eines Fläschchens mit Augentropfen) oder nachdem eine Mischung zubereitet wurde (etwa die Herstellung eines Hustensaftes durch Zugabe von Wasser zur Trockensubstanz). Arzneimittel und Medizinprodukte, die das Verfallsdatum überschritten haben, dürfen nicht mehr in Verkehr gebracht werden. Eine Ausnahme ist die Nutzung im militärischen Rahmen bei Notwendigkeit.

Verbraucher sollten Folgendes wissen: Produkte mit abgelaufenem MHD dürfen weiter verkauft werden, sofern der Verkäufer sich davon überzeugt hat, dass die Ware einwandfrei ist und er sie auch weiterhin sorgfältig kontrolliert. Allein weil das MHD abgelaufen ist, kann der Kunde noch keinen Schadensersatz geltend machen. Anders verhält es sich dagegen bei Produkten mit abgelaufenem Verbrauchsdatum. Diese dürfen nicht mehr verkauft werden.

Falls ein bestimmtes Lebensmittel häufiger noch vor Ablauf des MHD nicht mehr verzehrfähig ist, sollte die für die Lebensmittelüberwachung zuständige Behörde verständigt werden. In der Regel muss der Hersteller dann neue Haltbarkeitsuntersuchungen durchführen, das MHD überprüfen und korrigieren.

Sowohl MHD wie Verbrauchsdatum dürfen vom Handel nicht verändert werden.

> ## Kühlen verlängert das MHD
>
> **TIPP:** Da das MHD an eine bestimmte Aufbewahrungstemperatur geknüpft ist, kann eine niedrigere Temperatur die Haltbarkeit deutlich verlängern. Bereits die Senkung der Kühlschranktemperatur von +7 auf +5 Grad Celsius hat hier bereits einen positiven Effekt. MHD oder Verbrauchsdaten ohne Kühlhinweis bedeuten, dass das Produkt bei normaler Zimmertemperatur gelagert werden kann. Wichtig: Frische vor dem Verzehr überprüfen!

Das Haar in der Suppe – wegen Kleinigkeiten nicht mehr zum Verzehr geeignet?

Nach europaweit geltendem Recht dürfen Lebensmittel, die nicht sicher sind, nicht in den Verkehr gebracht werden. Lebensmittel gelten als nicht sicher, wenn sie gesundheitsschädlich oder nicht zum Verzehr geeignet sind. Obwohl gesundheitsschädliche Lebensmittel natürlich ebenfalls nicht zum Verzehr geeignet sind, wird bei ihnen auf ihre Nichteignung besonders hingewiesen, denn nicht alle zum Verzehr ungeeigneten Produkte müssen zugleich auch gesundheitsschädlich sein.

Als zum Verzehr ungeeignet gelten Lebensmittel, die verdorben und/oder ekelerregend sind.

Ganz allgemein versteht man unter Verderb nachteilige Veränderungen am Lebensmittel, die dazu führen, dass es für den menschlichen Verzehr unbrauchbar wird. Meistens ist der Verderb mit der Veränderung substanzieller Eigenschaften verbunden: Einzelne oder mehrere Bestandteile verändern sich. Die

103

Veränderungen können sichtbar oder sensorisch erfassbar (Verfärbung, Geschmacksabweichung) oder nur durch Laboruntersuchungen nachweisbar sein. Auch wenn Verderbsvorgänge erst am Anfang stehen (beginnender Verderb), ist ein solches Produkt nicht mehr zum Verzehr geeignet. Wann nun genau der Verderbsprozess beginnt und bis wann die Qualitätsveränderungen noch als normal zu betrachten sind, ist manchmal schwer zu sagen, denn die Grenzen zwischen beiden Prozessen können fließend sein. Gerade um den für den Verbraucher interessanten Beginn des Verderbsprozesses festzustellen, bedarf es spezieller Nachweismethoden, die der Normalbürger nicht einsetzen kann: Ist eine Nektarine nur leicht matschig oder bereits angeschimmelt? Ist die Ananas nur sehr süß duftend, oder gärt sie schon?

Verdorbene Lebensmittel müssen zwangsläufig nicht zugleich gesundheitlich bedenklich sein. Beispielsweise ist Fleisch mit starker Austrocknung (Gefrierbrand) selbstverständlich verdorben und nicht verzehrgeeignet, aber gesundheitlich völlig unbedenklich.

Verdorbene Lebensmittel wirken wegen ihres veränderten Aussehens oder Geruchs oft »eklig« bzw. »ekelerregend«. Manchmal ist das eindeutig, manchmal aber sehen Menschen das unterschiedlich. Selbst innerhalb einer Familie können die Ansichten darüber, ob etwas eklig ist oder vielleicht sogar noch ohne Weiteres gegessen werden kann, auseinandergehen. Manche mögen den Verzehr stark gereiften, bereits zerlaufenen Harzer Käses als widerlich empfinden, für andere bedeutet derselbe hohen Genuss. Der Streit darüber, was bereits als ekelerregend gilt oder eben nicht, ist in manchen Fällen sogar gerichtlich ausgetragen worden. Liegt allerdings der als eklig empfundenen Veränderung ein Verderb zugrunde, lässt sich meistens leicht feststellen, dass das Erzeugnis tatsächlich ekelerregend ist.

Schwieriger wird es, wenn ein Produkt bei der Zubereitung ekelerregende Zustände durchlaufen hat, die am fertigen Produkt nicht mehr erkennbar sind. Wenn eine Suppe mit dem berühmten Haar darin serviert wird, so gilt die Suppe – auch wenn das Haar entfernt wurde – als ekelerregend, obwohl sie in Aussehen, Zusammensetzung und Geschmack alle Anforderungen erfüllt. Damit ist sie dann auch aus rechtlicher Sicht nicht zum Verzehr geeignet. Entscheidend in der Beurteilung von Grenzfällen ist hier das sogenannte »durchschnittliche speisenästhetische Empfinden« der Menschen.

Ursachen und Merkmale des Lebensmittelverderbs

Jeder hat schon einmal matschige Gurken oder einen Karton vergorener Milch in seinem Kühlschrank gefunden und entsorgt. Aber was passiert eigentlich in den verschiedenen Lebensmitteln, wenn sie kaputtgehen? Die Ursachen des Verderbs sind vielfältig. Er kann durch Mikroorganismen, lebensmitteleigene Enzyme, chemisch-physikalische Einflüsse oder durch Schädlinge bzw. durch mehrere Ursachen gleichzeitig bedingt sein.

Mikroorganismen wie Bakterien, Schimmelpilze oder Hefen bewirken, dass sich Lebensmittel verändern. Sie sind der wichtigste Grund für den Verderbsprozess. Da sich Mikroorganismen nahezu überall auf der Welt aufhalten, also im Wasser, im Erdboden, in der Luft, auf Pflanzen sowie bei Mensch und Tier, ist es kein Wunder, dass sie sich regelmäßig auch auf und/oder in Lebensmitteln tummeln. Zum Glück sind die meisten von ihnen völlig harmlos. Manche werden auch gezielt für die Herstellung von Lebensmitteln eingesetzt, etwa um Joghurt oder Salami reifen zu lassen.

Unerwünscht hingegen sind Verderbskeime; das sind Mikroorganismen, die Lebensmittel ganz verschieden verändern können. Eine weitere Gruppe sind die für den Menschen pathogenen Keime, die Krankheiten bzw. Lebensmittelvergiftungen verursachen. Von denen wird später noch die Rede sein. Die Übertragung unerwünschter Keime auf Lebensmittel bezeichnen wir als Kontamination, die verschiedenen Herkunftsmöglichkeiten als Kontaminationsquellen. Eine der wichtigsten Aufgaben der Lebensmittelhygiene ist es, Kontaminationsquellen von Lebensmitteln so weit es geht fernzuhalten. Die meisten Hygienemaßnahmen sind direkt oder indirekt auf die Vermeidung einer Kontamination oder – wenn sie nicht oder nur begrenzt vermeidbar ist – auf die Vermehrungshemmung der Mikroorganismen oder ihre Abtötung im Lebensmittel gerichtet.

Welche mikrobiell bedingten Verderbserscheinungen können überhaupt auftreten? Sichtbar wird das Unheil, wenn einzelne Kolonien von Bakterien, Hefen und Schimmelpilzen entstehen, die sich bei weiterer Vermehrung zu einem fast lückenlosen »Rasen« zusammenschließen. Was viele nicht wissen: Insbesondere Hefen und Schimmelpilze können sich auch auf trockenen Oberflächen vermehren. Ihre Kolonien sehen im Gegensatz zu den meisten Bakterienkolonien stumpf und trocken aus. Während Hefen sehr oft weiß sind, können Schimmelpilze ganz unterschiedlich gefärbt sein: grau, grün, blau, schwarz, aber auch weiß. Weitere typische Veränderungen:

- Leicht erkennbar ist auch die Entstehung klebriger, schmieriger Oberflächen durch die flächige Ausbreitung von sich massenhaft vermehrenden Bakterien. Dies geschieht in der Regel bei eher feuchten Lebensmitteloberflächen, etwa auf frischem Fleisch.

- Trübungen sonst klarer Flüssigkeiten. Durch Bakterien können unerwünschte Eiweißkoagulationen verursacht werden, so beim mikrobiellen Verderb des Eiweißes von Hühnereiern. Auch das bloße Vorhandensein einer hohen Anzahl an Bakterien kann sich als Trübung zeigen. Bei der Beurteilung ist aber zu beachten, dass manche flüssigen Produkte von Haus aus nicht klar, sondern getrübt sind.

- Verfärbungen als Folge der Farbstoffbildung durch bestimmte Bakterien. Diese Art von Keimen sondert Farbstoffe an das Lebensmittel ab. Meist sind die Verfärbungen gelb grünlich fluoreszierend, blaugrün oder bräunlich. Auf lange gelagertem Gemüse, Salat oder feuchtem Brot können Sie bei Verderb beispielsweise rote Verfärbungen entdecken.

- Eigengeruch bestimmter Mikroorganismen. Sicher ist jedem schon einmal der charakteristische dumpf-hefige oder muffig-schimmelige Geruch von Hefen und Schimmelpilzen in die Nase gestiegen. Unangenehm fruchtig-aromatische Gerüche sind typisch für die Bakterienflora in ungepflegten Kühlräumen. Von diesen Eigengerüchen unterscheiden sich aber die vielfältigen Geruchsveränderungen, zu denen es bei der Zersetzung von Lebensmittelbestandteilen kommt (siehe weiter hinten).

Häufiger als die bisher genannten, durch Mikroben verursachten Verderbsprozesse treten Zersetzungsvorgänge der Lebensmittel auf. Fette, Eiweiße und Kohlenhydrate als die Hauptbestandteile der Lebensmittel können durch Enzyme abgebaut werden. Enzyme sind sogenannte Biokatalysatoren, die in Mikroorganismen gebildet und zum Teil nach außen in die Umgebung, also in das Lebensmittel, ausgeschieden werden und dann dessen Bestandteile abbauen. Diese enzymaktiven Mikroorganismen sind die sogenannte Verderbsflora eines Lebensmittels. Sie kommen relativ häufig vor. Je höher der Gesamtkeimgehalt in einem Lebensmittel, desto höher ist im Allgemeinen die Wahrscheinlichkeit, dass sich darunter auch Verderbserreger befinden. Deshalb ist ein niedriger Gesamtkeimgehalt eine wichtige Voraussetzung für die lange Haltbarkeit vieler Lebensmittel; entscheidend dabei ist jedoch der Gehalt an enzymaktiven Keimen. Allerdings bedeutet ein hoher Gesamtkeimgehalt nicht immer zwangsläufig, dass das Lebensmittel nun rasch verderben muss. So verderben ja Produkte, die natürlicherweise schon einen hohen Keimgehalt aufweisen, wie gereifter Käse oder Rohwurst, nicht schneller als andere, weil deren Keime eben keine Verderbserreger sind. Um den Keimgehalt eines Lebensmittels richtig zu interpretieren, ist es also notwendig, seinen Normalkeimgehalt zu kennen.

Da es kaum möglich ist, kontaminationsfreie Lebensmittel herzustellen, gehören bei den meisten Produkten enzymaktive Keime einfach dazu. Von ihnen geht in der Regel keine Gefahr für die Haltbarkeit aus, allerdings nur, solange sie sich nicht stark vermehren. Erst dann können sich Verderbserscheinungen zeigen. Worauf es also in erster Linie ankommt, ist, die Keimvermehrung zu hemmen oder ganz auszuschalten – durch Kühlung oder Erhitzung.

Wichtig ist überdies: Die Kontaminationsprozesse während der Lebensmittelherstellung laufen bei den einzelnen Produkten sehr ähnlich ab. Wie hoch allerdings die Kontamination letztlich ist und welche Keimarten genau auftreten, hängt vom Zufall ab. So können also die Rohstoffe ein und desselben Produkts unterschiedlich mikrobiell belastet sein. Das führt zu Unterschieden in der Verderbsflora ein und derselben Produktart und dies wiederum zu Schwankungen in ihrer Haltbarkeit. So kann frisches Fleisch trotz korrekter Kühlung mitunter bereits nach zwei Tagen verderben, manchmal aber erst nach vier bis fünf Tagen. Die jeweilige Herstellungshygiene (hier Schlachthygiene) führt zu Unterschieden in der Haltbarkeit. Bei sorgfältiger Herstellung sollte es nicht zu einer extremen Variabilität der Haltbarkeit kommen; sie ganz zu vermeiden ist jedoch bei vielen Produkten nicht möglich. Aus diesem Grund kann die Haltbarkeit meist nicht taggenau vorhergesagt werden. Damit aber der Verbraucher bei der Bewertung des Haltbarkeitsdatums auf der sicheren Seite steht, wird das Datum so gewählt, dass darüber noch Spielraum bleibt. Dennoch empfiehlt sich, im Einzelfall nicht nur das Datum, sondern auch das Produkt genau zu prüfen.

Welche Veränderungen enzymaktive Keime in Lebensmitteln bewirken, sei hier im Überblick dargestellt:

Eiweißabbau (Proteolyse, Fäulnis): Hierbei werden die Eiweiße, die aus langen Ketten von Aminosäuren bestehen, durch Eiweiß abbauende Enzyme (Proteasen) gespalten, sodass kürzere Ketten entstehen (Peptide). Wenn vermehrt Peptide entstehen, führt dies meist zu einem bitteren Geschmack. Durch den weiteren Abbau bilden sich Aminosäuren, die ihrerseits durch die Bakterien weiter umgewandelt werden. Es entsteht eine Vielzahl an Produkten, oft Ammoniak, Schwefelwasserstoff, Kohlendioxid, Indol, Skatol sowie biogene Amine. Typisch für die Fäulnis sind deutliche Geruchsabweichungen, schmierig-klebrige, matt glänzende

Beläge auf den Oberflächen, Erweichungen fester Strukturen bis hin zur Verflüssigung, Gasbildung, Koagulationen und Farbveränderungen. Je nachdem, welche Abbauprodukte in welcher Menge entstehen, kann die Fäulnis ganz unterschiedliche Erscheinungsformen zeigen. Eiweißabbau spielt vor allem bei den vom Tier stammenden eiweißreichen Lebensmitteln eine Rolle (Fleisch, Fisch, Eier).

Fettabbau: Die Fette werden zunächst in ihre Bestandteile Glyzerin und Fettsäuren gespalten. Sofern das süßlich schmeckende Glyzerin nicht weiter abgebaut wird, konzentriert es sich im Lebensmittel, und es entsteht ein unangenehmer Süßgeschmack als eine Form des Fettverderbs. Dieser tritt mitunter bei Fettfischen (lange gelagerte Salzheringe) auf. Die freien Säuren verursachen einen säuerlichen Geruch und Geschmack.

Meist aber durchlaufen die Fettsäuren weitere Veränderungen. Bei Luftzutritt können sie oxidieren, und die Produkte bekommen den typischen, sehr unangenehmen ranzigen Geruch und Geschmack. Erste Anzeichen vorher sind »Altgeruch und -geschmack« (nicht mehr frisch, sondern untypisch muffig). Aber auch solche Fette gelten bereits als verdorben. Besonders oxidationsanfällig sind Fette mit vielen ungesättigten Fettsäuren. Diese sind natürlicherweise in weichen Fetten, etwa Fischfett, Geflügelfett, oder in Ölen verstärkt enthalten.

Bei längerer Lagerung können sich kurze Fettsäuren (sie bestehen aus nur wenigen Kohlenstoffatomen) zu langkettigen zusammenlagern, ein Prozess, der als Polymerisation bezeichnet wird. In der Folge wird das Fett unerwünscht hart (»Talgigkeit«) oder grießig-körnig wie bei zu lange gelagertem Schmalz.

Oxidationen und Reduktionen: Oxidationen laufen nicht nur beim Fettverderb ab, sondern bewirken auch, dass sich die Farbe des Muskelfleisches verändert. Aus dem Myoglobin, das dem Fleisch die rote Farbe verleiht, entstehen graue, bräunliche und schließlich grün gelbliche Farbstoffe. Dies geschieht oft bei mikrobiell bedingten Fäulnisprozessen. Mikrobielle Reaktionen können die natürlichen Farbstoffe zersetzen, sodass sich die Lebensmittel entfärben. So zeigt sich die Aktivität dieser Enzyme in der Entfärbung des natürlicherweise intensiv farbigen Kaviars. Dann ist klar, dass sich viele Keime vermehrt haben. Entfärbter Kaviar gilt als verdorben. Ähnliche Entfärbungen zeigen sich beim Räucherlachs. Das sonst orangerot farbige Fischfleisch bekommt weißlich graue Flecken. Auch künstlich gefärbte Lebensmittel, wie gefärbter Seelachs, können auf diese Weise verderben.

Zucker- und Stärkeabbau (Kohlenhydratabbau): Stärke oder Zucker enthaltende Lebensmittel wie Obst, Gemüse, Milch können sich unter Bildung von Milchsäure, Essigsäure, Propionsäure, Buttersäure oder Alkoholen verändern. Dabei entstehen aus Kohlenhydraten auch schleimige, fadenziehende Substanzen (sogenannte Dextrane, Levane), die ekelerregend, aber gesundheitlich nicht bedenklich sind. Die mikrobielle Säuerung ist bei bestimmten Produkten (reifende Rohwürste, Joghurt, saures Gemüse) sogar erwünscht. Gärungsvorgänge zeichnen sich außer durch Säuerung meist auch durch Gasbildung (Kohlendioxid) aus.

Was die Zersetzung beeinflusst

Um zu verstehen, wie Mikroorganismen Verderbsvorgänge hervorrufen bzw. wie man diese verhindert, müssen wir das Verhalten der Keime auf oder in den Lebensmitteln beobachten. Eine Gurke oder ein Pudding können herrlich fatale Biotope sein – und das gilt es zu verhindern. Wichtige Einflussgrößen sind die Temperatur, der Wassergehalt, der Säuregrad (pH-Wert), die Sauerstoffverfügbarkeit und die Mikroflora selbst. Auf Erstere gehen wir im Folgenden ein.

Temperatur: Zwischen 30 und 40 Grad Celsius können sich viele Mikroorganismen optimal vermehren. In diesem Bereich verdoppeln sie sich alle 20 bis 30 Minuten; in ungekühlten Lebensmitteln (Zimmertemperatur) verdoppeln sie sich innerhalb von 50 bis 150 Minuten. Bei Temperaturen außerhalb des optimalen Bereiches verlangsamt sich die Vermehrung, und unter 5 Grad Celsius stoppt die Keimvermehrung. Je stärker die Temperatur von der optimalen abweicht, desto langsamer vermehren sich die Keime. Viele pathogene Keime, aber auch Verderbserreger gehören dieser mesophilen Gruppe an. Es gibt aber auch Keime in Lebensmitteln, deren Optimum bei nur 20 bis 30 Grad Celsius liegt und die sich noch zwischen 0 bis 5 Grad Celsius langsam vermehren können, einzelne sogar noch darunter. Das heißt, dass Lebensmittel mit diesen Keimen auch im Kühlschrank nur begrenzt haltbar sind. Zu dieser Gruppe der psychrotrophen Keime gehören viele Verderbserreger: Bakterien, Hefen, Schimmelpilze. Psychrotrophe Keime sind verantwortlich für Hygieneprobleme in Kühlhäusern, für die sogenannte Kühlhausflora. In schlecht gereinigten Kühlräumen oder Kühlschränken entsteht durch sie ein unangenehm süßlicher bis fruchtig-aromatischer Geruch.

Unterhalb des minimalen Temperaturbereiches vermehren sich die Keime zwar kaum noch. Aber das Einfrieren und die Gefrierlagerung überleben die meisten Keime. Zumindest sind sie in Tiefkühltruhe oder Tiefkühlfach inaktiv und können in dieser Zeit keine Lebensmittel verderben. Nach dem Auftauen allerdings geht alles wieder von vorn los (Vermehrung, enzymatischer Verderb).

Wird die Temperatur über den maximalen Wert, bei dem sich die Keime noch vermehren können, erhöht, beginnen sie abzusterben. Die Hitzeresistenz ist zwar von Keimart zu Keimart verschieden, aber die meisten überstehen 55 bis 60 Grad Celsius nicht. Hitzestabilere Keime halten auch noch Temperaturen von 70 bis 80 Grad Celsius über kurze Zeiträume aus. Am stabilsten sind die Sporen (Dauerformen) sporenbildender Bakterien. Die überleben auch Kochtemperaturen (100 Grad Celsius), und um ihnen den Garaus zu machen, sind sogar Temperaturen von 115 bis 121 Grad Celsius nötig. Erst ab einer so starken Erhitzung sind die Lebensmittel tatsächlich steril, also frei von vermehrungsfähigen Keimen (in Vollkonserven beispielsweise).

Wasser: Ohne Wasser gibt es kein Leben; das gilt auch für Mikroorganismen. Auf trockenen Oberflächen, egal ob auf Lebensmitteln oder Verpackungen, können sich Keime deshalb nicht oder nur extrem langsam vermehren. Aber sie überleben erstaunlich lange, und sobald sie wieder in Kontakt mit Wasser kommen, beginnen sie erneut, sich zu vermehren. So können Salmonellen auf trockenen Flächen oder auf Textilien etliche Tage überleben.

Manche Lebensmittelinhaltsstoffe wie Salz oder Zucker besitzen die Eigenschaft, Keime hemmen zu können. Salz und Zucker binden Wasser so stark, dass die Keime darauf nicht mehr zugreifen können. Das ist das Geheimnis der Konservierung beispielsweise von Konfitüren. Sie enthalten viel Wasser, aber der Zucker verhindert, dass sie verderben. Manche Keime können sich allerdings auch immer noch zumindest langsam vermehren, wenn ihnen nur extrem wenig Wasser zur Verfügung steht, wie einige Schimmelpilze oder Hefen.

Säuregrad: Die meisten Lebensmittel haben einen neutralen bis schwach sauren pH-Wert. Im schwach sauren Bereich (ca. pH 5,5 bis 6) können sich Verderbserreger und pathogene Keime noch vermehren. Erst niedrigere pH-Werte hemmen oder unterbinden die Vermehrung, etwa in saurem Gemüse, Obstsäften, bestimmten Milcherzeugnissen oder in Fischmarinaden. An saure Verhältnisse angepasste Keime können aber auch in diesen Produkten zum mikrobiellen Verderb führen, so Milchsäurebakterien, Hefen, Schimmelpilze.

Sauerstoffverfügbarkeit: Die meisten pathogenen und Verderbskeime können sich sowohl mit als auch ohne Sauerstoff vermehren. Andere wiederum können sich nur mit Sauerstoff vermehren, so auf der Oberfläche von Lebensmitteln, wo sie in Kontakt mit Luft kommen. Aber in der Tiefe oder auch bei vakuumverpackter Ware oder in luftdichten Konserven geht ihnen im wahrsten Sinne die Luft aus, sie können sich nicht mehr vermehren. Dazu gehören die meisten Schimmelpilze und Hefen. Um es noch interessanter zu machen: Eine weitere Gruppe von Bakterien vermehrt sich nur, wenn kein Sauerstoff vorhanden ist, wie der Erreger des Botulismus.

Weitere Verderbsursachen bis hin zum berühmt-berüchtigten Gefrierbrand

Bestimmte Verderbserscheinungen entstehen nicht durch mikrobielle Enzyme, sondern durch Enzyme, die sich in organischer Materie natürlicherweise befinden. Von Pflanzen und Tieren gewonnene Gewebe, die wir als Lebensmittel nutzen (Fleisch, Milch, Eier, Obst, Gemüse), enthalten Enzyme, die während des Lebens für den Stoffwechsel benötigt werden. Diese sind auch nach dem Tod der Tiere, also nach der Schlachtung, oder nach der Ernte der Pflanzen weiterhin aktiv, solange sie nicht durch die Weiterverarbeitung, etwa Erhitzen, inaktiviert werden. Sie bewirken einerseits erwünschte Prozesse wie die Fleischreifung oder die Reifung von Obst, andererseits können sie aber zum Verderb beitragen. Durch Erhitzen lassen sie sich inaktivieren, wodurch die Haltbarkeit verbessert wird. So kann das durch Eigenenzyme bedingte Braunwerden frisch angeschnittener Äpfel durch Blanchieren verzögert werden. Auch Säuren, wie Zitronensäure, können diese Enzyme hemmen.

Es sind in erster Linie die den Lebensmitteln eigenen Enzyme, welche oxidierend oder Fett zersetzend wirken. Sie sind gerade bei lang gelagerten Fetten häufiger der Grund dafür, dass diese ranzig werden, als Enzyme, welche von Mikroorganismen gebildet wurden. Wegen des sehr geringen Wassergehaltes können sich Mikroorganismen in reinen Fetten nämlich nicht vermehren und ihre zersetzenden Enzyme produzieren. Die gewebeeigenen Enzyme stellen aber auch bei Gefrierlagerung ihre Aktivität nicht völlig ein, sodass der Fettverderb sogar bei tiefgefrorener Ware langsam weiter voranschreitet.

Ein Beispiel für Oxidationsprozesse durch lebensmitteleigene

Enzyme ist das Vergrauen von Kochschinken, der längere Zeit im Kühlschrank gelagert wurde. Obwohl diese Verfärbung gesundheitlich unbedenklich ist, wird dies von den Kunden meistens nicht toleriert – wer kauft schon gern fahlgrauen Bierschinken?

Weitere Verderbserscheinungen resultieren aus den bereits erwähnten chemisch-physikalischen Prozessen. Sie spielen eine wichtige Rolle und führen dazu, dass die Produkte ihre Verzehreignung verlieren. Dazu gehören beispielsweise:

Technologisch bedingte Fehler: zu intensive Erhitzung (Dunkelfärbung, Schwärzung, Bitterkeit, unerwünschter Koch- oder Karamellgeschmack), zu starke Austrocknung (Konsistenzmängel, schrumpfige, dunkle Oberflächen, erhöhte Festigkeit), falsche Konzentrationen von Zutaten (Übersalzen, Salzausschlag, Sauerkeit), Entmischung von Emulsionen (Freisetzen von Öl aus Mayonnaise oder aus Tunken in Fischkonserven).

Mechanische Einwirkungen (Platzen, Drücken, Quetschen mit entsprechenden Schäden an der Verpackung und/oder dem Produkt, Undichtwerden von Dosen oder defekte Eierschale).

Übertragung von Fremdgeruch oder -geschmack bei Lagerung von Fisch neben Eiern oder Apfelsinen oder bei Lagerung von Lebensmitteln in frisch gestrichenen Räumen.

Vorhandensein von Fremdkörpern, Schmutz oder Staub.

Oft kommt es infolge einer der genannten Ursachen zu verschiedenen Veränderungen am Produkt, die meist in engem Zusammenhang stehen. Verpackungsschäden können zu unästhetischem Aussehen, zu Verschmutzung, zu eingeschränkter Haltbarkeit und zu Austrocknungserscheinungen führen. Sind die Spuren von chemisch-physikalischen Einflüssen nur gering, so können sie manchmal beseitigt werden, oftmals allerdings sind sie irreversibel. Zu unumkehrbaren Veränderungen gehört die extreme Austrocknung auf der Oberfläche gefriergelagerter Lebensmittel, der gefürchtete Gefrierbrand. Zu lange Lagerung und ungeeignete oder defekte Verpackung bewirken, dass das Lebensmittel an der Oberfläche helle Flecken bekommt und trocken wird. Das ändert sich auch nicht mehr nach dem Auftauen. Klar, dass niemand so etwas kaufen oder essen will.

Auch direkte Verschmutzungen des Lebensmittels können weder abgespült noch abgewaschen werden. In dem Fall können die verschmutzten Stellen nur noch großzügig abgeschnitten werden, so bei Fleisch oder Käse. Unverarbeitetes Gemüse oder Obst hingegen lässt sich durch Abwaschen ohne Weiteres reinigen.

Weiterhin spielen Schädlinge in allen Bereichen der Lebensmittelkette, beginnend beim Erzeuger der Rohstoffe in der Landwirtschaft über die Lebensmittelherstellung, die Lagerung, den Transport bis zum Handel und Haushalt, auch heute noch als Verderbsursache eine große Rolle. Ihre Bekämpfung ist deshalb ein wichtiges Thema bei der Prophylaxe von Lebensmittelverlusten und der Wahrung der Lebensmittelhygiene.

Schädlinge sind eine sehr heterogen zusammengesetzte Gruppe von Tieren, die Lebensmittel durch ihr bloßes Vorhandensein (Ekelerregung), durch Fressen, Nagen, Bohren und Verschmutzen (Kot, Eier, Gespinste, Puppen, Schleimspuren, abgeworfene Hüllen) beeinträchtigen. Dabei ist der Schaden durch die gefressenen Lebensmittelmengen meist geringer als durch die entstehenden hygienewidrigen, ekelerregenden Zustände. Etliche Schädlinge übertragen zudem pathogene und Verderbskeime auf Lebensmittel und deren Umgebung.

Krankmachende Keime
Wenn verdorbene Nahrungsmittel die Gesundheit gefährden

Der Mensch, das »Ungeziefer« und die Welt der Erreger

> *»Wer durch des Argwohns Brille schaut,*
> *sieht Raupen selbst im Sauerkraut.«*
> Wilhelm Busch

Unsere Nahrungsmittel sind dem natürlichen Kreislauf alles Lebendigen unterworfen: Ein Apfel fällt auf den Boden, schimmelt, wird von Bakterien zerfressen, von Vögeln oder Würmern verstoffwechselt und ausgeschieden. Auch der Verderb ist Teil des natürlichen Stoffkreislaufes.

Die Verderbsprozesse verändern das Aussehen, den Geruch und auch den ursprünglichen Geschmack eines Lebensmittels. Unsere Sinne sind bestens geschult, um Essbares von Verdorbenem zu unterscheiden: Die Nase detektiert häufig – allerdings nicht immer – schon geringe Spuren einsetzender Gärung bei einer Suppe, schimmeliges Brot hinterlässt auf der Zunge lange Zeit ein widerliches Aroma und das Auge erkennt die Verfärbung von sich zersetzendem, verdorbenem Hackfleisch. Meist schlagen sogar alle Sinne gleichermaßen Alarm – es sei denn, sie sind längst abgestumpft, weil wir uns jahrelang auf

118

Packungsangaben anstatt auf unsere eigenen Frische-Detektoren verlassen haben.

Die Geschichte der Menschheit ist auch eine Geschichte des Kampfes gegen »widerliche Bakterien, Maden und Ungeziefer«, die Nahrungsmittel ungenießbar machen. Auf Christoph Kolumbus' erster Reise stellte der spanische König so wenig Geld für das Essen der Matrosen zur Verfügung, dass – wie damals üblich – nicht genügend geeignete Nahrungsmittel für den epochalen Trip über den Ozean angeschafft werden konnten. Das Pro-Kopf-Budget für die mehrwöchige Reise entsprach ungefähr dem Preis von vier Kilogramm Weizen. Entsprechend freudlos gestaltete sich die Speisekarte an Bord der »Santa Maria« und ihrer Begleitschiffe: getrocknetes Brot in Form von Keksen und sogenanntem Schiffszwieback, die noch an Land aus Weizenmehl gebacken worden waren und im trockensten Teil des Schiffes verstaut wurden. Auf der wochenlangen Fahrt verschimmelte das Backwerk und eklige Maden zerfraßen den Proviant. Auf der vierten Reise seines Vaters, so berichtet Sohnemann Ferdinand Kolumbus, hatten die Würmer in der Hitze und Feuchtigkeit alle Biskuits befallen. Viele Matrosen, so Ferdinand Kolumbus, warteten deshalb bis zur Dunkelheit, um die Maden nicht mehr sehen zu können. Die Amerika-Entdecker vermengten ihre Kekse mit den unsichtbaren Maden und etwas Wasser einfach zu einem Brei – Mahlzeit!

Vorsicht, Maden – Fliegenlarven sind die Folge von unsachgemäßer Lagerung: Stubenfliegen können sich bereits im Alter von nur drei Tagen paaren. Ihre Eier legen die Weibchen in Kot, Müll, Kompost und Nahrung ab. Dort entwickeln sich anschließend die Larven. In den wenigen Wochen seines Lebens kann ein Weibchen bis zu sechsmal jeweils bis zu 150 Eier legen. Die

Larven brauchen maximal einen Tag, bis sie aus den Eiern schlüpfen – es beginnt das eklige Gewürm: Die kopf- und beinlosen Fliegenmaden bewegen sich durch Körperkrümmen fort und ernähren sich von den Essensresten und faulendem Material, in denen sie geschlüpft sind.

Ähnlich läuft es bei der größeren Schmeißfliege ab: Die setzt bis zu mehrere hundert Eier gleichzeitig auf organischen, meist proteinreichen Stoffen ab. Mitunter sind die Eier schon so weit entwickelt, dass die Maden sofort schlüpfen. Die kleinen weißen Würmchen werden dabei durch Geruchsstoffe angelockt, die bei der Verwesung und dem bakteriellen Abbau von Eiweißen entstehen. Die Stoffwechselprodukte der Fliegenlarven sind für den menschlichen Organismus ungesund und von ihnen befallenes Fleisch ist nicht mehr für den Verzehr geeignet. Sie übertragen außerdem Mikroorganismen in die Lebensmittel, die Eiweiß, Kohlenhydrate und Fette zersetzen. Für den Menschen sind Fliegenlarven deshalb gefährliche Schädlinge an Fleisch, Fisch und Milchprodukten.

Maden weisen eindeutig auf Verschmutzungen durch Stubenfliegen, Schmeißfliegen oder deren Verwandte hin. Die Problematik ist eine doppelte: Zum einen verderben die Maden das Lebensmittel, zum zweiten sind die ablegenden Fliegen selbst Krankheitsüberträger. Denn Stubenfliegen, Schmeißfliegen & Co gelten als Schädlinge, da sie trotz ständigen Putzens oder gerade beim Putzen sowie beim Kotabsetzen Krankheitserreger auf Lebensmittel übertragen können. Vor allem auch, weil sie eine Vorliebe für menschliche und tierische Körperausscheidungen wie Schweiß, Kot oder eiternde Wunden haben. Sie sind Überträger diverser Infektionskrankheiten, wie Lebensmittelinfektionen (Salmonellosen, Ruhr) oder Typhus, Cholera und Kinderlähmung, die in ärmeren Regionen der Welt noch heute eine Rolle spielen, bzw. von Tierseuchen wie die Maul- und Klauenseuche. Schmutz, offen stehende Lebensmittel und Essensreste locken die Fliegen an. Küchenhygiene beugt demzufolge auch diesen Schädlingen vor.

Der Küchen-GAU: Die Lebensmittelvergiftung

Die meisten Menschen haben schon einmal erlebt, wie krank verdorbene Lebensmittel machen können. Über 100 000 Fälle von Lebensmittelinfektionen werden nach Angaben des Bundesinstituts für Risikobewertung pro Jahr in Deutschland gemeldet, 10 000 sollen es in Österreich sein. Allerdings haben verdorbene Lebensmittel nicht immer diese Wirkung. So sind die meisten verdorbenen Fette harmlos, und gesundheitlich in der Regel unbedenklich sind durch Laktobazillen hervorgerufene Gärungsprodukte (in saurer Milch), stark ausgetrocknete Lebensmittel mit Gefrierbrand oder graue Oberflächen von Wurst, die durch reine Oxidation entstanden sind.

Aber immer, wenn die Veränderungen mikrobielle Ursachen vermuten lassen, ist absolute Vorsicht geboten. Dabei machen nicht die Verderbserreger selbst, also die erwähnten enzymaktiven Keime, krank. Es sind die pathogenen Keime, die zunächst meist in nur sehr geringer Menge im Produkt enthalten sind, sich dann aber infolge falschen Umgangs mit dem Lebensmittel vermehren und eine Lebensmittelvergiftung auslösen können. Diese Gefahr bergen vor allem rohe Produkte.

Sehr giftig können auch die beim mikrobiellen Eiweißabbau entstehenden Amine, wie das Histamin, sein. Hat eine Person eine große Menge Histamin aufgenommen, können sich die Vergiftungssymptome bereits nach 30 Minuten zeigen. Histamin bildende Bakterien kommen vor allem in Fischen und Fischerzeugnissen vor. Jedes Jahr werden Lebensmittelvergiftungen dieser Art gemeldet.

Schimmelpilze ihrerseits bergen ebenfalls die Gefahr, Gifte zu bilden (Mykotoxine). Sie vermehren sich zwar fast nur auf Oberflächen und nicht in der Tiefe der Lebensmittel (wegen ihres hohen Sauerstoffbedarfs), dafür diffundieren die von ihnen gebildeten Gifte aber tief in die Lebensmittel hinein, und zwar umso besser, je höher deren Wassergehalt ist. Wenn Sie also Schimmel nur auf der Oberfläche eines Glases Konfitüre sehen, dann sind dennoch dessen Toxine tief in das Glas eingedrungen, und Sie sollten wirklich das gesamte Produkt wegwerfen. Anders verhält es sich bei festen Produkten wie Schnittkäse oder gereiftem rohem Schinken: Hier können Sie die Schimmelstellen abschneiden und den Rest gefahrlos verzehren.

Generell sind Mikroorganismen wie vor allem Bakterien und Viren die Hauptursache für Lebensmittelinfektionen. Die Gefahr von chemischen Rückständen oder Zusatzstoffen in Lebensmitteln hingegen wird von Verbrauchern oft weit überschätzt, denn diese verursachen nur sehr selten akute Erkrankungen. Allerdings scheinen Unverträglichkeitsreaktionen bzw. Allergien zuzunehmen. Auslöser sind hier meist natürliche Bestandteile von Lebensmitteln (Eiweiße von Obst oder tierischen Produkten) oder viel seltener Lebensmittelzusatzstoffe (Konservierungsmittel, Farbstoffe).

Lebensmittelinfektionen

Sie entstehen durch Kontamination der Lebensmittel, bei vom Tier gewonnenen Produkten vielfach bereits durch Keime, die aus den Tierbeständen stammen. Aber auch später bei der Verarbeitung bis hin zum Haushalt können die Lebensmittel natürlich verunreinigt werden. Gefährlich werden aber die meisten Erreger erst, wenn sie die Gelegenheit hatten, sich im Lebensmittel zu vermehren, sodass eine minimale Infektionsdosis erreicht wird. Wenn sich zugleich auch vorhandene Verderbserreger vermehren, wird der Verbraucher das Produkt in der Regel wegen der sichtbaren Veränderungen nicht verzehren. Vermehren sich aber nur die pathogenen Keime, dann verändert sich das Lebensmittel oft nicht sicht- oder riechbar, denn pathogene Keime sind meist nicht enzymaktiv. Das Lebensmittel erscheint unverändert, der Verbraucher ist nicht gewarnt und wird es wahrscheinlich konsumieren. Lebensmittelinfektionen gehören zu den häufigsten Infektionskrankheiten des Menschen. Es gibt auch in Deutschland eine hohe Anzahl jährlich gemeldeter Fälle, wobei der Trend trotz aller Bemühungen bislang nicht rückläufig ist.

Als Ursache kommt eine Vielzahl an Erregern in Frage, die ganz unterschiedliche Erkrankungsbilder bewirken: allgemeines Unwohlsein, Darmkrämpfe, Kreislaufbeschwerden und Durchfälle bis hin zu schweren, ansteckenden, fieberhaften und sogar lebensbedrohlichen oder chronisch werdenden Krankheiten. Darauf kann hier nicht im Einzelnen eingegangen werden. Es sollte aber deutlich gesagt werden, dass Maßnahmen der Hygiene stets beide, oftmals eng verknüpfte Ziele verfolgen, nämlich sowohl den Erkrankungen als auch dem Verderb zu begegnen. Subjektive Fehler im Umgang mit Lebensmitteln, die eine Keimvermehrung fördern – man spricht von sogenannten »küchentechnischen Fehlern« –, sind meistens der auslösende Faktor beim Ausbruch einer Lebensmittelinfektion.

Lebensmittelvergiftungen

Lebensmittelinfektionen werden oft mit dem Begriff der Lebensmittelvergiftung gleichgesetzt. Streng genommen ist Letztere aber eine spezielle Form der Lebensmittelinfektionen. Bei Lebensmittelvergiftungen werden die Gifte durch Mikroorganismen bereits im Lebensmittel gebildet und diese dann mit dem Lebensmittel aufgenommen, was zu einer Erkrankung führt. Für die anderen Lebensmittelinfektionen ist Voraussetzung, dass die Erreger mit dem Lebensmittel aufgenommen werden und dann im Verdauungstrakt des Menschen die Erkrankung verursachen. Eine Giftbildung im Lebensmittel kann durch Staphylococcus aureus, Clostridium botulinum, Bacillus cereus, Histaminbildner und Schimmelpilze erfolgen. Während das Botulinum-Toxin durch Erhitzen zerstört wird (80 Grad Celsius genügen), überstehen die Toxine der anderen genannten Erreger Erhitzungen von über 100 Grad Celsius. Besonders stabil sind Histamin und die Mykotoxine.

Salmonellose

Die hauptsächliche Quelle für die Kontamination der Lebensmittel mit Salmonellen sind Tiere, meist Schweine und Hühner. In der Regel völlig gesunde Tiere scheiden die Erreger mit dem Kot aus. So gelangen sie meist unerkannt auf die Eier oder bei mangelnder Schlachthygiene auf das Fleisch. Wenn die Salmonellen sich durch fehlende Kühlung vermehrt haben, kann beim Konsumenten nach Verzehr der Produkte eine Salmonellose entstehen. Sie äußert sich etwa sechs bis 48 Stunden nach Aufnahme durch Bauchschmerz, Unwohlsein, Durchfall, Erbrechen und mildes Fieber. In schweren Fällen entsteht eine lebensgefährliche Septikämie. Auch schwere chronische Gelenkerkrankungen können die Folge einer Salmonellenvergiftung sein. Salmonellosen entstehen meist durch kontaminiertes Geflügel- und Schweinefleisch oder kontaminierte Hühnereier. (Meist sehen das Fleisch und die Eier nicht verschmutzt oder sonstwie verändert aus, obwohl sie kontaminiert sein können.) Aber auch viele andere Lebensmittel kommen in Frage. Nach der Campylobacteriose (siehe unten) ist die Salmonellose die zweithäufigste durch Bakterien verursachte Lebensmittelinfektion. Die beste vorbeugende Maßnahme ist der Verzicht auf rohe oder halbgare Produkte, denn die Salmonellen lassen sich leicht abtöten, wobei 65 bis 70 Grad Celsius bereits genügen. Bei der früher als »klassische Fleischvergiftung« bekannten Erkrankung handelte es sich vorrangig um eine Salmonellose.

Campylobacteriose

Campylobacter-Keime tummeln sich besonders häufig in gesund erscheinenden Geflügelbeständen. Geflügelfleisch birgt also nicht nur eine Salmonellose-, sondern auch noch eine Campylobacteriosegefahr und sollte wirklich immer gut durchgegart sein. Rohes Geflügelfleisch in der Küche ist immer eine heikle Angelegenheit, denn es kann die Erreger auch auf Messer und andere Gegenstände in der Küche oder auf weitere Lebensmittel übertragen. Wenn die dann nicht gegart werden, sind sie genauso eine Infektionsquelle. Deshalb muss rohes Fleisch strikt von allem anderen getrennt werden, und Hände und Gerätschaften müssen stets gut gereinigt werden. Anders als bei den Salmonellen reicht bei den Campylobacter-Keimen eine sehr geringe Anzahl dieser Bakterien, um die Erkrankung auszulösen. Um gefährlich zu werden, müssen diese sich im Gegensatz zu den Salmonellen nicht erst in den Lebensmitteln vermehren. Campylobacter-Keime gibt es auch im Darm anderer Tiere. So kann nicht pasteurisierte Rohmilch mitunter die Ursache für diese Lebensmittelinfektion sein. Fieber, Bauchschmerzen, Durchfall, manchmal blutig, sind die Symptome, die nach einer Inkubationszeit von einem bis sieben Tagen auftreten und bis zu zwei Wochen anhalten können. Manchmal kehren die Symptome, nachdem sie nach wenigen Tagen bereits abgeklungen waren, plötzlich wieder zurück.

Staphylococcus-aureus-Vergiftung

Diese Erreger sind Teil der normalen Haut- und Schleimhaut-Mikroflora von Mensch und Tier. Beim Schlachten oder Melken gelangen sie auf das Fleisch oder in die Milch. Jegliches Berühren und Husten bzw. Niesen kann sie auf die Lebensmittel übertragen. Viele Keime dieser Art besitzen die Fähigkeit, ein Toxin im Lebensmittel zu produzieren. Eine gefährliche Toxinmenge entsteht aber erst nach starker Vermehrung im Lebensmittel. Ist das Toxin erst einmal entstanden, kann es durch Erhitzungsvorgänge nicht mehr inaktiviert werden.

Das Gift wird im Darm aufgenommen und löst neben Unwohlsein und Bauchschmerzen meist starkes Erbrechen aus, seltener Durchfall, fast nie Fieber.

Empfindliche Menschen leiden auch unter Kreislaufsymptomen wie Schwindelgefühl und Gleichgewichtsstörungen. Charakteristisch ist die kurze Inkubationszeit von manchmal nur 30 bis 60 Minuten. Nach ein bis zwei Tagen ist die Vergiftung meist ohne weitere Spätfolgen überwunden.

Escherichia-(E.-)coli-Infektion

E.coli ist ein normaler Darmbewohner bei Mensch und Tier. Sein Vorkommen in Lebensmitteln weist deswegen auf eine mögliche fäkale Verunreinigung, also Hygienemängel, hin. In geringer Anzahl kommt er auf oder in unerhitzten Produkten wie Fleisch, Hackfleisch, Geflügel, Rohmilch, Pflanzen und in Gewässern vor. Die meisten Stämme sind harmlos. Daneben gibt es jedoch E.coli-Keime mit unterschiedlichen krankmachenden Eigenschaften, die via Lebensmittel übertragen werden können. Dazu gehören die enterotoxinbildenden Stämme, welche die Auslöser der Reisediarrhö, einer Durchfallerkrankung, sind. Besonders in südlichen Ländern erkranken Touristen häufig daran. Andere, die enteroinvasiven E.coli, können ruhrähnliche Erkrankungen mit schweren blutigen Durchfällen hervorrufen.

Enterohämorrhagische E.coli (EHEC) können sogar zu schwerwiegenden Erkrankungen mit Todesfällen führen. Drei bis neun Tage nach Erregeraufnahme beginnen blutige Durchfälle (hämorrhagische Colitis), die entweder abklingen oder als Komplikation zum hämolytisch-urämischen Syndrom mit Zerstörung der roten Blutkörperchen und Nierenversagen führen können. Im Jahre 2011 traten im Rahmen eines EHEC-Ausbruches in Deutschland 50 Todesfälle auf (siehe S. 55 f.). Ursache war kontaminierter Bockshornkleesamen. Häufiger allerdings wird der Erreger über den Verzehr unerhitzten Fleisches oder nicht pasteurisierter Milch verbreitet.

Clostridium perfringens

Die Sporen dieses anaeroben Keimes sind in der Umwelt wegen ihrer Widerstandsfähigkeit weit verbreitet, kein Wunder also, wenn sie auch in Lebensmitteln häufig zu finden sind. Gefährlich sind nur die Stämme, die ein Toxin bilden, das sie im Darm des Menschen freisetzen. Zuvor jedoch bedarf es einer Anreicherung im Lebensmittel bis zu einer Größenordnung von etwa 1 000 000 Keimen je Gramm Lebensmittel. Bei Temperaturen ab 10 bis 12 Grad Celsius und bei Sauerstoffausschluss (Vakuumverpackung, Dosen, in der Mitte von großen Braten oder Pasteten) beginnt seine Vermehrung. Nach acht bis 22 Stunden Inkubationszeit kommt es zu Bauchkrämpfen und vor allem profusen Durchfällen, Erbrechen ist selten. Die Symptome dieser sehr häufig auftretenden Lebensmittelinfektion sind nach spätestens 24 Stunden abgeklungen.

Bacillus cereus

Hierbei handelt es sich um einen aerob (an der Luft) wachsenden Sporenbildner, dessen Sporen – ähnlich wie bei Cl. perfringens – weit verbreitet sind. Vermehren sich bestimmte Stämme, so können sie entweder ihr Toxin im Lebensmittel bilden (Folge: Intoxikation mit kurzer Inkubationszeit von ein bis fünf Stunden und vor allem Erbrechen) oder erst nach Aufnahme der Erreger im Darm (Folge: Durchfall mit einer Inkubationszeit von sechs bis zwölf Stunden). Das im Lebensmittel gebildete Toxin entsteht oft in warm gehaltenem Reis. Da das Toxin hitzestabil ist, führt auch die erneute Erhitzung des Reises nicht zur Beseitigung der Gefahr.

Clostridium botulinum

Dieser anaerob (ohne Sauerstoff) wachsende Sporenbildner verursacht den selten auftretenden, sehr gefährlichen Botulismus. Etwa 20 bis 40 Prozent der Erkrankten sterben daran. Ursache ist das im Lebensmittel gebildete Botulinumtoxin, eines der stärksten biologischen Gifte. Da es hitzelabil ist (ca. 80 Grad Celsius genügen), kann es leicht inaktiviert werden. Bleiben kontaminierte Lebensmittel unerhitzt oder überleben die Sporen die Erhitzung (die Sporen werden erst bei >100 Grad Celsius abgetötet), können sie auskeimen, sich vermehren und das Toxin produzieren, wenn das Produkt unter Luftabschluss und ungekühlt lagert. Da Clostridium botulinum in versporter Form in der Umwelt, also auch im Boden und Staub, weit verbreitet ist, muss mit seinem Vorkommen in geringer Anzahl immer gerechnet werden.

Das Botulinumtoxin blockiert die Reizübertragung vom Nerv zum Muskel, sodass eine fortschreitende Lähmung die Folge ist. Die Inkubationszeit beträgt 18 bis 36 Stunden. Zunächst treten wenig spezifische Krankheitserscheinungen wie Unwohlsein, Kopfschmerzen, seltener Erbrechen und Durchfall auf. Die beginnende Lähmung äußert sich zuerst im Kopfbereich durch Heiserkeit, Schluckbeschwerden, Sprechstörungen und Sehstörungen infolge von Akkommodationsstörungen (verschwommene Sicht). Dann treten Lähmungen der Körpermuskulatur und schließlich Atem- und Herzmuskellähmungen hinzu.

Noroviren

Die weitaus meisten infektiösen Darmerkrankungen werden von Noroviren verursacht, wobei etwa 20 bis 40 Prozent der Fälle über Lebensmittel zustande kommen. Oft wird das Virus von Ausscheidern auf Lebensmittel übertragen, die vor dem Verzehr nicht mehr erhitzt werden (Salate, rohe Muscheln). Viren können sich in Lebensmitteln zwar nicht vermehren, aber es genügt eine sehr geringe Viruspartikelanzahl (wenige hundert), um die Erkrankung auszulösen. Auch viele andere Lebensmittel, Wasser und kontaminierte Gegenstände, Küchengeräte, Türgriffe können die Infektion rasch verbreiten, sodass häufig Gruppenerkrankungen in Krankenhäusern, Altenheimen, Kindergärten, Hotels oder auf Kreuzfahrtschiffen beobachtet werden. Erkrankte scheiden große Erregermengen mit dem Stuhl oder Erbrochenem aus. Es ist für die Bekämpfung solcher Ausbrüche wichtig, Erkrankte noch mehrere Tage nach der Genesung möglichst zu isolieren und insbesondere von der Küchenarbeit auszuschließen.

Die Infektion geht mit Bauchschmerzen, Erbrechen und teils heftigen Durchfällen einher. Im Allgemeinen klingen die Symptome nach zwei bis drei Tagen ab.

Schimmelpilztoxine (Mykotoxine)

Schimmelpilzwachstum kann auf fast allen Lebensmitteln vorkommen. Die Schimmelpilze bzw. ihre Sporen gelangen aus der Umwelt, in der sie weit verbreitet sind, häufig mit Staub oder Schmutz auf die Lebensmittel. Besonders gut vermehren sie sich unter feucht-warmen Bedingungen, aber sie sind sehr anpassungsfähig und können sich auch auf trockenen Oberflächen oder im Gefriertemperaturbereich von etwa -8 bis -12 Grad Celsius noch langsam ausbreiten. Viele, aber nicht alle Schimmelpilze sind Giftbildner. Mehrere hundert dieser oft sehr giftigen Substanzen sind bekannt. Einige nicht toxische Schimmelpilze sind allerdings auf Lebensmitteln erwünscht, da sie typische Produkteigenschaften, etwa auf Camembertkäse, bewirken. Ihre Harmlosigkeit muss durch Untersuchungen nachgewiesen sein.

Schimmelpilze können sehr unterschiedlich aussehen. Leider lässt sich vom Erscheinungsbild nicht auf das Vermögen, Toxine zu bilden, schließen. Deshalb sollte man sicherheitshalber stets davon ausgehen, dass der vorliegende Schimmel giftig sein kann.

Schimmelpilzfäden wachsen von der Oberfläche nicht weit in die Tiefe vor, da sie einen hohen Sauerstoffbedarf haben. Aber die Mykotoxine können – wie wir bereits beschrieben hatten – von der Oberfläche in das gesamte Produkt vordringen, wenn genügend Feuchtigkeit im Lebensmittel vorhanden ist (Konfitüren, Joghurt, Weichkäse).

Akute Schimmelpilzvergiftungen kommen in den Industrieländern kaum vor. Aber die chronisch-toxischen Wirkungen, die erst langzeitig Krankheitsprozesse sichtbar werden lassen, müssen ernst genommen werden. Dazu zählen Krebs erregende, Erbgut verändernde, Embryonen schädigende oder nieren- und lebertoxische Eigenschaften. Bekannte Gifte sind Aflatoxine, Ochratoxin, Fusariumtoxine, Patulin und Citrinin.

Das Immunsystem eines gesunden Erwachsenen kommt mit einer geringen Menge an Bakterien, Viren oder Schimmelpilzen problemlos zurecht – wie so oft macht aber die Dosis das Gift. Deshalb sind die optimale Aufbewahrung und Küchenhygiene das A und O beim Umgang mit Lebensmitteln. Mehr dazu im nächsten Kapitel.

Was tun bei einer Lebensmittelvergiftung?

Nicht selten verlaufen Lebensmittelinfektionen unproblematisch, und die Symptome verschwinden ohne weitere Behandlung, sodass die Betroffenen keinen Arzt aufsuchen. Der Besuch des Hausarztes ist trotzdem dringend empfehlenswert, um ausgeprägte Verläufe frühzeitig erkennen zu können und diese fachgerecht zu therapieren. Insbesondere, wenn mehrere Personen betroffen sind, sollte der Arzt darüber informiert werden. Er kann eine Ursachenfeststellung einleiten (Untersuchung von Stuhlproben und verdächtigten Lebensmitteln), um die Gefährlichkeit der Erkrankung und die Ausbreitungstendenz von Erkrankten auf Gesunde (bei der Salmonellose) bewerten zu können. Dazu ist es erforderlich, dem Arzt den bisherigen Verlauf genau zu schildern und eventuell als Ursache in Frage kommende Essensreste kühl aufzubewahren. Man sollte daran denken, dass die Spätfolgen einer Lebensmittelinfektion mitunter schwerwiegender sind als die überstandene akute Erkrankung.

TIPP FÜR DEN HAUSGEBRAUCH: Der Flüssigkeits- und Salzverlust durch Erbrechen und ausgeschiedenen Stuhl wird durch die Zufuhr großer Mengen an isotonischer Flüssigkeit ausgeglichen. Dann muss sich die Magen- und Darmflora wieder aufbauen. Dafür geeignete Getränkemischungen bieten Apotheken an. Anschließend ist zunächst leichte, fettarme Kost (Tee, Zwieback) empfehlenswert. Bei einigen bakteriellen Infektionen werden vom Arzt in schweren Fällen Antibiotika verabreicht.

Optimale Aufbewahrung

So bleiben Nahrungsmittel einfach viel länger genießbar

Hygienegrundsätze in der Küche

Wenn es um das Thema Hygiene geht, gehen die Meinungen und Tatsachen weit auseinander. Wissenschaftliche Studien liefern deshalb immer Überraschungen. So testete die Uni Basel die Keimbelastung in mehreren Privathaushalten, um sogenannte Bakterien-Hot-Spots ausfindig zu machen. Zuerst fragten die Forscher die Studienteilnehmer, wo sie selbst die größten Keimschleudern in der Wohnung vermuten würden. Natürlich wurden die Toilette und der Mülleimer zuerst genannt. Die Tests in den Haushalten lieferten jedoch ganz andere Ergebnisse. Insgesamt waren 68,8 Prozent der Flächen gut oder sehr gut gereinigt. 31,2 Prozent waren jedoch verschmutzt und 13,8 Prozent davon sogar sehr stark mit Keimen kontaminiert. Nach der Studie der Uni Basel waren folgende Flächen die größten Keimschleudern:

- Spüllappen waren zu 100 Prozent stark belastet – also jeder getestete
- 87,5 Prozent der Wasserhähne
- 37,5 Prozent der Schneidebretter
- 37,5 Prozent der Kühlschränke

Am saubersten waren übrigens die Nasszellen der Schweizer Haushalte. Die Forscher konnten es sich nicht verkneifen, darauf hinzuweisen, dass die Toilettensitze in den meisten Fällen sogar völlig keimfrei waren! US-amerikanische Studien verrieten, dass sich die meisten Menschen nach dem Toilettenbesuch nicht die Hände wuschen. Diese und andere Untersuchungen zeigen: Die Bedeutung der Hygieneregeln muss immer wieder und unermüdlich herausgestellt werden. In Lebensmittelbetrieben sind Hygieneschulungen in regelmäßigen Abständen vorgeschrieben. Im Haushalt sollten sie Teil der elterlichen Erziehung sein.

Hygiene in der Küche heißt vor allem, eine Kontamination der Lebensmittel zu vermeiden oder wenigstens einzuschränken. Außerdem sollen bereits vorhandene Keime beseitigt werden, ihre Vermehrung unterbunden werden. Die wichtigsten Ziele der Hygienemaßnahmen in der Küchenpraxis sind:

- Vermeidung von küchentechnischen Fehlern: Die häufigsten sind fehlende oder unzureichende Kühlung (zu hohe Kühlschranktemperatur), Unterbrechung einer kontinuierlichen Kühlung (= »Kühlkette«), ungenügende Erhitzung, sodass unerwünschte Keime und originäre Enzyme nicht vollständig inaktiviert werden, mangelnde Heißhaltung (heiß vorrätig zu haltende Lebensmittel sollen bei mindestens 65 Grad Celsius gehalten werden), zu langsames Abkühlen, sodass der Temperaturbereich, in dem sich Keime vermehren, zu stark ausgedehnt ist, mangelnde Reinigung (auch der Kühlschrank ist regelmäßig alle drei bis vier Wochen zu reinigen), erneutes Kontaminieren nach der Herstellung, die zunächst zur Abtötung der Keime geführt hatte (=»Rekontamination«). Bei der

Rekontamination können sich die hinzutretenden Keime oft besonders gut vermehren, da die konkurrierende Mikroflora durch die Zubereitung zuvor ausgeschaltet worden war. Direkten oder indirekten (über Schneidbretter, Flächen, Messer) Kontakt roher Lebensmittel, frisches Fleisch, unbehandeltes Gemüse, mit bereits verzehrfertigen Lebensmitteln vermeiden.

- Personalhygiene: Personen mit ansteckenden Krankheiten möglichst aus dem Küchenbereich fernhalten. Hände gut reinigen (heißes Wasser, Seife) und nach Verschmutzung zwischendurch erneut reinigen. Lebensmittel möglichst wenig mit den Händen berühren. Kontakt der Lebensmittel mit der Alltagskleidung vermeiden.

- Sauberkeitsanforderungen an Räume und Geräte: Boden, Wände, alle Flächen stets sauber halten, auch an den Staub auf den Schränken denken. Er ist meist keimhaltig, wird bei Luftbewegungen aufgewirbelt und schlägt sich dann unbemerkt auf die Lebensmittel nieder. Flächen nach gründlicher Reinigung gut trocknen (lassen). Bei der Einrichtung auf leichte Reinigungseignung der Möbel und Gerätschaften achten (glatte, wischfeste, wasserundurchlässige, möglichst nicht korrodierende Oberflächen). Beschädigte Flächen, wie aufgeraute Schneidbretter oder angeschlagenes Geschirr, auswechseln. Holz ist nur geeignet, wenn es mit abwaschbarer Beschichtung versehen ist. Beachten Sie, dass immer wieder verwendete Lappen, Bürsten oder Schwämme nachweislich die schlimmsten Verbreiter von Keimen sind – also unbedingt heiß (über 60 Grad Celsius) waschen und regelmäßig austauschen. Viele hitzeunempfindliche Geräte (Brettchen, Schalen, Teller) kann man auch in der Mikrowelle oder im Backofen desinfizieren.

- Im Sommer sollten Sie Insekten durch Fliegengitter am Fenster fernhalten – die haben in der Küche nichts zu suchen. Auch Waldi und Mietzi bleiben draußen: Haustiere müssen bei der Essenzubereitung von der Küche ferngehalten werden.
- Abfälle müssen speziell im Sommer regelmäßig entsorgt bzw. bis dahin fest verschließbar gelagert und eine Kontamination mit Essbarem verhindert werden (Fußraste zum Öffnen des Eimers, nicht mit der Hand!).
- Trotz aller Vorsichtsmaßnahmen sollten Sie kein überzogen antiseptisches Weltbild bekommen. Die Küche muss sauber sein, ein nach Chlor riechendes Labor sollten Sie nicht anstreben.

Die wichtigsten Hygiene-Tipps im Überblick:

- Hände vor dem Kochen, nach dem Kochen und vor dem Essen mit warmem Wasser und Seife waschen.
- Geräte, Zubereitung und Aufbewahrung von frischen Waren, verpackten Waren, Obst und Gemüse sowie von Gekochtem trennen, um Kreuzkontamination zu verhindern.
- Geräte, die mit frischem Fleisch oder Eiern in Berührung gekommen sind, ausgiebig säubern (am besten mit kochendem Wasser).
- Flächen und Kühlschrank regelmäßig säubern.
- Zur Reinigung reicht heißes Wasser mit etwas Reinigungsmittel oder Essigessenz – antibakterielle Spezialmittel (auf Chlor- oder Alkoholbasis) sind nur in seltenen Ausnahmefällen nötig.

Essensreste richtig verpacken und frisch halten

Frischhalten à la Gerhard Polt geht so: In der TV-Reihe *Fast wie im richtigen Leben* spielte der Kabarettist Gerhard Polt einmal einen Ober in einer bayerischen Bierkneipe, der seine Gäste höchst ökonomisch versorgte: Die Reste in den Biergläsern sammelte er konsequent ein und goss sie zu »frischen« Gläsern Bier zusammen, die er seinen neuen Gästen dann auf den Tisch stellte. Als sich einer der Besucher wegen des gammeligen Geschmacks einer Suppe beschwerte, ging Polt mit dem Teller in die Küche und verriet das gastronomische Geheimrezept: »Mit einem Spritzerl Zitronensaft haben wir noch jedes Supperl auf Vordermann gebracht.«

Dieser trickreiche Wiederbelebungsversuch von Gerhard Polt, eine vergorene Suppe aufzupeppen, dürfte den Kabarettbesuchern als so ekelhaftes Erlebnis in Erinnerung geblieben sein, dass sie sicher immer skeptisch werden, wenn eine Speise ein säuerliches Aroma hat. Es ist nicht das Ziel dieses Kapitels, Ihnen noch mehr gesundheitsgefährdende Gastrotricks zu kredenzen. Ganz im Gegenteil! Mit einigen hygienischen Tipps und Raffinessen können Sie die meisten Nahrungsmittel und Speisen sicher frisch halten.

Grundsätzlich ist es immer einfacher, separierte Speisen aufzubewahren: Die Reste eines Menüs, etwa Kartoffeln, Braten und Gemüsebeilage, kommen in jeweils eigene Behälter und werden separat gekühlt oder eingefroren. Das hat mehrere Vorteile: Die einzelnen Speisereste können auch wieder einzeln erwärmt und weiterverwendet oder ganz neu kombiniert werden.

Außerdem unterscheiden sich die Lebensmittel in der Dauer ihrer Haltbarkeit und auch darin, ob es sinnvoll ist, sie überhaupt einzufrieren oder sie besser im Kühlschrank aufzubewahren.

Die erste Frage, die sich stellt, ist also: kühlen oder einfrieren?

1. Kühlschrank: Um Gemüse, Obst oder Reste eines Gerichts zu kühlen, müssen sie fachgerecht, also hygienisch verpackt werden. Folgende Verpackungen bieten sich an:

- Topf, in dem – das Gemüse beispielsweise – gekocht wurde. Dazu sollte der Deckel bald geschlossen werden, damit der Inhalt keimarm bleibt. Sobald die Zimmertemperatur erreicht ist, können Sie den Topf in den Kühlschrank geben. Lassen Sie ihn auf keinen Fall zu lang im Zimmer stehen, denn das feuchte, warme Klima im Topf ist ein herrliches Biotop für jegliche Bakterien. Länger als einen Tag, höchstens zwei Tage sollten Sie Speisen aber nicht in dieser Form im Kühlschrank aufbewahren.
- Tiefer Teller oder Glas- oder Keramikschale: Gießen Sie die Speisereste oder legen Sie frisches Obst/Gemüse in eine saubere Schale und dichten Sie diese mit einer Plastikfolie ab – so bleiben die Sachen frisch, nehmen keine Gerüche an und geben keine ab.
- Verschließbare Plastikschalen, Tupperware: Diese handelsüblichen Aufbewahrungsboxen eignen sich für viele Nahrungsmittel. Sie müssen aber auch gut gereinigt sein, damit sich weder Gerüche noch Keime ausbreiten können.

TIPP: Sind Nudeln übrig, können Sie diese mit etwas Öl übergießen und umrühren, damit sie nicht zusammenkleben. Erst dann in den Topf, auf den Teller oder in die Aufbewahrungsbox geben – beim Aufwärmen (mit etwas Wasser) lösen sich die Nudeln dann besser voneinander.

- Feucht lagern: Bei verschiedenen Früchten und Gemüsesorten (Erdbeeren, Karotten) kann man die Haltbarkeit und Frische deutlich verbessern, wenn man sie mit etwas Feuchtigkeit benetzt. Waschen Sie die Pflanzen, und lassen Sie etwas Restfeuchtigkeit auf ihnen, bevor Sie sie in eine Schale geben, die dann im Obst-/Gemüsefach des Kühlschranks richtig aufgehoben ist. Möhren vertragen sogar ein Pfützchen Wasser am Boden, das verhindert, dass sie austrocknen, und am nächsten Tag schmecken sie wie frisch geerntet. Sie sollten diese Feuchtbiotope aber nicht tagelang im Kühlschrank stehen lassen – sonst sind unliebsame Überraschungen in Form eines Schimmelteppichs sicher!

Früher hat man Gemüse auch in Zeitungspapier eingewickelt – da die Druckfarben aber nicht wirklich gesund sind, gilt dieses Papier nicht als geeignetes Verpackungsmaterial für Essbares.

2. Tiefkühlfach/Einfrieren: Vor den extrem tiefen Temperaturen von minus 18 Grad Celsius und weniger müssen die Nahrungsmittel speziell geschützt werden. Wie optimale Tiefkühlverpackungen aussehen, lässt sich gut bei den Produkten der Tiefkühlkonzerne abgucken:

- Pizza, Eis und Gemüse sind immer in eng anliegenden, knappen Pappboxen, oft mit zusätzlichen luft- und wasserdichten Folien verschweißt – so sieht die perfekte Tiefkühlverpackung aus.
- Fleisch: Durch das Einfrieren wird das Ausreifen von frischem Fleisch gestoppt. Es lohnt sich, den Metzger zu fragen, welches Stück heute zum Einfrieren geeignet wäre. Fettes Fleisch eignet sich übrigens weniger – schneiden Sie im Haushalt Fett-

gewebe ab, da Fett bei sehr langer Lagerung die Haltbarkeit verkürzt. Bei gefrorenen ganzen Schlachtkörpern schützen die Schwarten das Fleisch jedoch vor der Austrocknung. Knochen sollte der Metzger am besten auslösen. Scharfe Knochenstücke oder -splitter, wie sie etwa bei Koteletts vorkommen, trennen Sie am besten ab oder umwickeln sie mit Alufolie, damit sie nicht die Verpackung beschädigen.

- Teilen Sie das Fleisch, bevor Sie es einfrieren, in portionsübliche Größen auf. Große Fleischstücke von mehr als zwei Kilogramm Gewicht oder einer Dicke von mehr als zehn Zentimeter eignen sich nicht zum Einfrieren. Das Einfrieren und das Auftauen dauert bei den dicken Dingern einfach zu lange! Wenn Sie einzelne Fleischstücke (Kotelett, Schnitzel oder Roulade) zuvor durch eine Folie voneinander abtrennen, vermeiden Sie, dass sie aneinander festfrieren, und Sie können einzelne Stücke separat und schonend auftauen. Jede Fleischportion muss luft- wie wasserdicht in speziellen Gefrierbeuteln oder Gefrierdosen verpackt sein. Dies ist meistens ein spezieller Kunststoff, der auch bei minus 25 Grad Celsius nicht spröde wird. Wichtig: Jedes Gefriergut wird beschriftet: Inhalt, Gewicht und Einfrierdatum gehören darauf – denn irgendwann hat man einfach vergessen, ob der braune Klops im Tiefkühlfach ein Rinderbraten, eine Gulaschsuppe oder ein Jägerschnitzel ist. Stammt das Gefrorene aus dem Jahr 2012, 2008 oder liegt es noch länger da?
- Gemüse einfrieren: Obst und Gemüse sollte – so wie es die Kühlschrank-Expertin Klingshirn im Interview beschreibt (siehe S. 165 ff.) – vor dem Einfrieren blanchiert werden: Kurz mit kochendem Wasser überbrühen, dann kalt abschrecken und anschließend in Beutel/Schalen/Boxen füllen.

- Jegliches Gefriergut sollten Sie nur perfekt verpackt ins Tief-kühlfach geben. Beutel, Schalen oder Boxen müssen gefrier-stabil sein, das heißt, sie dürfen keine Luft an das Gefriergut lassen, und sie müssen die Produkte vor der kalten Trocken-heit schützen. Sonst droht der berühmt-berüchtigte »Gefrier-brand«. Wichtig: Schnell einfrieren!

- Lagerzeit: Das Tiefkühlfach muss bei mindestens minus 18 Grad Celsius kühlen. Allerdings sind auch tiefgefrorene Le-bensmittel nicht ewig haltbar: Obst bis zwölf Monate, Gemü-se bis 18 Monate (s. Seite 165). Je länger es lagert, umso mehr verliert es an Vitaminen, und Fette im Gemüse oder Obst kön-nen auch verderben.

- Das Auftauen ist eine Wissenschaft für sich – aber eine mit überschaubaren Geheimnissen: Haben Sie große Portionen eingefroren, sollten Sie diese vor der Weiterverarbeitung mög-lichst langsam auftauen – am besten im Kühlschrank. Das gilt auch für Fisch und Meeresfrüchte. Kleine Gefriergutstücke, wie etwa Himbeeren, Erbsen oder Bohnen, können direkt aus dem Eisfach in den Topf gegeben werden. Die kleinen Früchte oder Gemüse tauen flugs auf und erwärmen sich beim Erhitzen im Topf in der Soße oder im Kochwasser ganz gleichmäßig.

Kühlen, Pökeln, Räuchern oder Trocknen – wie Lebensmittel länger genießbar bleiben

Es gibt viele bewährte Möglichkeiten, dem Verderb vorzubeu-gen. Dazu zählen grundsätzlich alle Maßnahmen, die eine Kon-tamination mit Mikroorganismen vermeiden bzw. diese abtöten oder ihre Vermehrung unterdrücken, zur Inaktivierung bzw. Einschränkung der Aktivität von Enzymen geeignet sind, Schädlinge fernhalten und sonstige negative Einflüsse chemisch-physikalischer Art abwehren bzw. einschränken. Diese stellen meist zugleich Verfahren der Zubereitung und/oder Konservierung – also Verfahren zur Verlängerung der Haltbarkeit – dar.

Konservieren – aber wie?

Ohne schlaue Nahrungsaufbewahrungstechnologien ist der moderne Mensch nicht vorstellbar. Erst durch das Kochen, Räuchern, Trocknen oder Salzen verderblicher Ware konnten unsere Vorfahren schlimme Nahrungsengpässe – speziell im Winter – überwinden. Die Menschen der Antike fanden weitere Möglichkeiten, mit Essig und Öl den Verderb hinauszuzögern. Die Erfindung von Konserven während des Ersten Weltkriegs sicherte den Soldaten, dass sie sich auch fern der Heimat einigermaßen gut ernähren konnten. Gut verschlossene Weißblechdosen mit vorgekochtem Eintopf oder mit Fleischgerichten gehören 100 Jahre später zur Grundausstattung eines jeden Supermarktes. Der Konservierungsvorgang hebt die Ursachen der natürlichen Nahrungszersetzung auf oder verlangsamt den Prozess des Verderbens extrem. Heute steht uns ein ganzes Arsenal von chemischen oder physikalischen Mitteln und Techniken zur Verfügung, um die Bakterien- und Pilzverbreitung bzw. Enzymaktivität in Nahrungsmitteln zu verhindern.

Cool bleiben hält frisch

Seit tausenden von Jahren hat sich diese Technik bewährt: Kühlen
verlängert die Haltbarkeit von Nahrung. Die tiefen Temperaturen
hemmen das Wachstum von Mikroorganismen und die Aktivität
der Enzyme im Lebensmittel. Denn die meisten Keime und Pilze bevorzugen Temperaturen zwischen 20 und 30 Grad Celsius
und hohe Feuchtigkeit, um sich zu vermehren. Die zu empfehlen-
den Kühltemperaturen können dem später folgenden Interview
mit der Kühlschrankexpertin und dem »Frische-Guide« entnom-
men werden. Die Lebensmittel sollten zum Kühllagern möglichst
frisch sein. Verpackungen (Boxen, Beutel, Folien) schützen die
Nahrungsmittel vor Aroma- oder Geschmacksveränderungen,
vor dem Austrocknen sowie der Geruchsübertragung oder Übertragung von Mikroorganismen.

Beim Kühlen und Gefrieren werden die natürlichen Eigenschaften der Lebensmittel am besten erhalten. Mikroorganismen und Enzyme werden nicht eliminiert, sondern nur vorüber-
gehend inaktiviert.

Ötzi ist der beste Beweis: Einfrieren konserviert

Was die Leiche des Gletschermanns über 5000 Jahre vor dem
Zerfall bewahrte ist auch das Prinzip eines jeden Tiefkühlfaches:
Einfrieren ist eine bewährte Methode des mittel- bis längerfris-
tigen Konservierens. Nährstoffe, Aroma und Aussehen bleiben
beim sachgemäßen Gefrieren weitgehend erhalten. Im Gefrier-
bereich werden Parasiten wie Trichinellen, Bandwurmfinnen und
Toxoplasmen in Fleisch oder Nematoden in Fischmuskulatur ab-

getötet. Die Gefrierlagerung sollte nicht wärmer als bei minus 18 Grad Celsius erfolgen. Beim Einfrieren und Auftauen gilt der Grundsatz: Schnelles Einfrieren (bei möglichst tiefen Temperaturen) und langsames Auftauen (bei Kühlschranktemperatur), so wird die Qualität am besten gewährleistet. Mehrmaliges Auftauen und Einfrieren ist zwar gesundheitlich unbedenklich, sollte aber aus Gründen des Qualitätsverlustes vermieden werden. Von schnellem Einfrieren spricht man bei Gefriergeschwindigkeiten von über einem Zentimeter pro Stunde. Haltbarkeitsbegrenzende Veränderungen bei gefroren gelagerten Lebensmitteln sind die Austrocknung und der Fettverderb. Dicht verpackte und fettarme Produkte sind somit länger lagerfähig.

Wie Omi: Einkochen und aufheben

Beim Einkochen werden Nahrungsmittel (vorwiegend Obst und Gemüse) bei Temperaturen von fast 100 Grad Celsius in einem Einkochtopf für einen bestimmten Zeitraum erhitzt, bis alle Verderbserreger – ausgenommen die Sporen der sporenbildenden Bakterien – abgetötet sind, und dann luftdicht verschlossen. Durch den luftdichten Abschluss können keine Mikroorganismen mehr von außen eindringen. Die Einkochzeit hängt von der Speise ab. Durch die thermische Behandlung werden sowohl die Mikroorganismen als auch die Enzyme inaktiviert.

Es ist aber wichtig zu wissen, dass zur Keimfreimachung (Sterilisation) Temperaturen über 100 Grad Celsius erforderlich sind. Das bedeutet, dass Speisen, die lediglich gekocht, gebrüht, gedünstet, gedämpft, geschmort oder in der Mikrowelle behandelt wurden, nur kurze Zeit (1 bis 2 Tage) gekühlt gelagert werden dürfen. Andernfalls können die nicht inaktivierten Bakteriensporen auskeimen, und hohe Keimgehalte können sich entwickeln. Die Verwendung höherer Temperaturen beim Backen (circa 180 bis 250 Grad Celsius), Frittieren (160 bis 180 Grad Celsius), Grillen oder Braten (ca. 160 bis 200 Grad Celsius) führt zwar zur Sterilität auf den Oberflächen, aber im Inneren wird diese Temperatur nicht erreicht, sodass dort die Sporenbildner überleben. Vollkonserven hingegen sind auch im Inneren steril und brauchen nicht gekühlt zu werden.

Kolumbus' Fleischreserve: Gepökelt und gesalzen

Die Eroberung der Welt durch die Seefahrer des 15. und 16. Jahrhunderts hätte wahrscheinlich erst viel später stattgefunden, wenn das Salzen und Pökeln von Fleisch nicht schon längst verbreitet gewesen wäre: Das Salzen und Pökeln sind eine sehr alte Konservierungsmethode. Nahrungsmittel werden dabei in eine Kochsalz- oder Nitritpökelsalzlake gelegt oder mit diesen Salzen eingerieben. Das Salz entzieht den Lebensmitteln das Wasser. Die unerwünschte Oxidation von Fetten (das Ranzigwerden) wird durch Salzen und Pökeln eingeschränkt. Salzen ist die Behandlung mit Kochsalz (NaCl), beim Pökeln wird dem Kochsalz eine geringe Menge (ca. 0,5 Prozent) Nitrit (Na_2NO_3) zugesetzt. Wie wir bereits beschrieben hatten, bindet Salz das Wasser und wirkt dadurch konservierend, da den Mikroorganismen somit das für ihre Vermehrung nötige Wasser nicht mehr zugänglich ist. Das Salzen kann aber meist nur in geringen Konzentrationen erfolgen, um das Lebensmittel genießbar zu halten. Insofern verlängert Salz in der Regel die Haltbarkeit des Lebensmittels, genügt aber allein nicht. Salzen hemmt die meisten Mikroorganismen in ihrer Vermehrung, tötet sie aber nicht ab. Erst ein sehr hoher Salzanteil von über 8 bis 10 Prozent unterbindet die Vermehrung von Mikroorganismen (etwa beim Salzhering) mit Sicherheit.

Süß ist bitter für Bakterien: Zuckern

Zucker hat eine antiseptische Wirkung! Bei der Herstellung von Konfitüre, Marmelade oder Gelee wird den Früchten oder der Fruchtmasse Zucker zugesetzt. Der Zucker bindet das im Lebensmittel frei verfügbare Wasser und schränkt so die Verbreitung von unerwünschten Mikroorganismen stark ein. Das funktioniert bei Marmelade, Konfitüre und Gelee, aber auch bei kandierten Früchten. Unter der dicken Zuckerschicht macht sich dann so schnell kein Erreger breit!

Wie die Gurke: Einlegen in Essig

Essig ist wegen seiner Säure ein bewährtes Mittel, um die meisten Lebensmittel haltbar zu machen, denn Keime sterben im sauren Milieu ab. Allerdings töten erst Essigkonzentrationen von 2 bis 9 Prozent Keime auch zuverlässig ab – diese Säurekonzentration ist aber längst nicht mehr schmackhaft. Deshalb: Ohne unterstützende Konservierung sind sauer eingelegte Früchte und Gemüse daher nur maximal zwei Wochen im Kühlschrank haltbar. Das Säuern funktioniert entweder mit organischen Säuren (Essigsäure, Zitronensäure u. a.) oder in gesteuerten Gärungs- oder

Reifungsvorgängen. Eine sichere Konservierung ermöglicht erst das Zusammenspiel von Essig und Salz (saure Fische) oder eine Trocknung des Lebensmittels (Dauerware wie Salami oder Rohschinken).

Vergären oder wie Bakterien konservieren

Beim Vergären wandeln Milchsäurebakterien die Kohlenhydrate einer Pflanze in Milchsäure um. Ab einer Konzentration von 0,5 Prozent verhindert dann die Milchsäure auf ganz natürliche Weise das Wachstum von Keimen, die das Nahrungsmittel sonst zersetzen würden. Durch die Zugabe von Kochsalz wird Wasser gebunden – Schimmelpilze oder Hefe können sich nicht ausbreiten. Durch das typische Einstampfen der Nahrungsmittel wird bewusst ein Sauerstoffmangel im Produkt erzeugt, und Mikroorganismen, die Sauerstoff brauchen, sterben ab. Milchsäurebakterien hingegen können sich verstärkt vermehren.

Am bekanntesten ist diese Form der Konservierung bei Weißkohl, der zu Sauerkraut vergärt. In einigen südlichen Ländern werden auch Gurken, Kürbisse, Paprika, Bohnen oder Oliven vergoren und so haltbar gemacht.

Das Geheimnis der Sardinendose: Einlegen in Öl

Im Öl, das wussten schon die Römer und Griechen der Antike, können sich Mikroorganismen nicht vermehren. Deshalb setzten sie schon vor über 2000 Jahren das reichlich vorhandene Öl von Oliven zur Konservierung ein. Manche Winzer nutzten auch einen Tropfen Öl, um Weinflaschen abzudichten. In Öl eingelegt bleiben Gemüse, Fisch und Fleisch länger genießbar. Da lebensmitteleigene Keime aber nicht abgetötet werden, schützt das Einlegen in Öl allein nur begrenzte Zeit. Auch hier sind für eine längere Haltbarkeit das Abkochen, Dampfgaren, Dünsten oder Blanchieren bzw. die Kühlung nötig.

Das Mon-Chéri-Prinzip: Einlegen in Alkohol

Wie gut hält sich doch die Piemont-Kirsche in der Mon-Chéri-Praline! Alkohol hemmt nämlich das Wachstum von Mikroorganismen, zusätzlich wirkt der Zucker, weil er das frei verfügbare Wasser in der Kirsche reduziert. Auch bei anderen beschwipsten Früchten oder der Likörherstellung wird das Alkohol+Zucker-Prinzip angewendet.

Um das Keimwachstum zu verringern, ist eine Konzentration von 14 bis 20 Prozent Alkohol ideal. Da die Früchte die Alkoholkonzentration verdünnen, dient hochprozentiger Schnaps, Weinbrand, Rum oder Cognac oder auch Wodka zur Haltbarmachung. Wichtig ist die richtige Menge Alkohol, denn zu viel Alkohol entzieht den Früchten sonst zu viel Wasser – sie werden hart und schmecken nicht mehr so gut.

Dörren und Trocknen

Inuit und die Buschmänner im südlichen Afrika trocknen ihre Lebensmittel. Diese Form der Haltbarmachung ist eines der ältesten Verfahren, um Lebensmittel zu konservieren. Beim Trocknen

149

entziehen Luft und Wärme den Nahrungsmitteln die Flüssigkeit. In der getrockneten Masse können sich Mikroorganismen nicht mehr so gut vermehren. Gut können Obst, Pilze und Kräuter getrocknet werden. Aber auch Fisch und Fleisch werden heute noch auf diese Weise konserviert, wenn keine andere Möglichkeit zur Verfügung steht. Allerdings zerstört die Trocknung die Vitamine zu 30 bis 50 Prozent, was ihr großer Nachteil gerade bei Obst ist. Trockene Oberflächen, etwa bei Fleisch, verzögern aber wirksam die Keimvermehrung. Das Trocknen des gesamten Produktes spielt heute nur noch bei wenigen Erzeugnissen eine Rolle (bei Gewürzen, Kräutern, Tee, Trockenfleisch in Tütensuppen, Trockenfisch in Skandinavien, Trockenfrüchten). Die Grenzen der Trocknung als konservierender Methode liegen vor allem darin, dass Fette in den Nahrungsmitteln dabei dennoch verderben.

Eine besondere Hightech-Trocknungsart ist das Gefriertrocknen (Instantkaffee). Dabei wird Lebensmitteln im tiefen Frost das Wasser entzogen und so eine hohe Haltbarkeit erreicht.

Räuchern

Beim schwelenden Verglimmen von Holz entsteht Rauch. Dieser enthält Aromastoffe und keimhemmende Substanzen. Die Rauchbestandteile dringen nicht in das Innere der Räucherware ein, sondern schlagen sich auf der Oberfläche nieder. Räuchern allein reicht für eine gute Konservierung nicht aus. Deshalb werden geräucherte Produkte meist auch noch gesalzen und gepökelt. Der konservierende Effekt beruht auf der Abtrocknung der Oberflächen und der Beschichtung des Produktes mit Rauchbestandteilen, die antimikrobiell wirken und der Fettoxidation ent-

150

gegenwirken. Bei der Heißrauchanwendung wirkt die Erhitzung noch zusätzlich konservierend. Die Kaltrauchanwendung führt außerdem zum Wasserverlust im Produkt. Das Räuchern soll zudem den Lebensmitteln einen rauchigen Geruch und Geschmack verleihen.

Weitere Möglichkeiten der Haltbarmachung

Neben den erwähnten »klassischen« Konservierungsverfahren werden immer wieder neue Methoden erprobt, die Behandlung mit Hochdruck beispielsweise, mit Ultraschall, mit pulsierendem Strom, der Einsatz von antimikrobiellen, aus Pflanzen oder Mikroorganismen gewonnenen Stoffen, welche die natürliche Beschaffenheit nicht beeinträchtigen sollen. Damit soll dem Trend nach möglichst unbehandelten, »naturbelassenen« Lebensmitteln entsprochen werden, einem Trend, der aus Sicht der Haltbarkeit und gesundheitlichen Unbedenklichkeit nicht gerade zu begrüßen ist.

Einsatz von »Schutzgasen«: In hermetisch abgeschlossene Verpackungen werden Gase eingeleitet, die das Mikrobenwachstum verzögern, aber gesundheitlich unbedenklich sind (Kohlendioxid, Stickstoff).

Bestrahlung mit Gamma-Strahlen: Die Strahlen töten je nach Dosis Mikroorganismen ab. Diese Methode wirkt sehr zuverlässig, da die Strahlen nicht nur die Oberfläche, sondern das ganze Produkt dekontaminieren. In Deutschland ist das Verfahren außer für Kräuter und Gewürze nicht zugelassen (im Gegensatz zu vielen anderen Staaten), obwohl es aus wissenschaftlicher Sicht in den empfohlenen Dosen gesundheitlich unbedenklich ist.

Die Geschichte des Einweckens

Diese Geschichte ist vielfach überliefert: Als eine seiner frühesten Amtshandlungen setzte Kaiser Napoleon I. einen Preis von 12 000 Goldfrancs für die Erfindung eines Verfahrens zum Haltbarmachen von Nahrungsmitteln aus. Damit sollten, so die Forderung Napoleons, die Möglichkeiten der Truppenverpflegung verbessert werden. Die Unzulänglichkeit der Nahrungsversorgung auf den Schlachtfeldern hatte Napoleon I. mehrfach persönlich erfahren. Er wollte ein Mittel, um die Nahrungsvorräte der Armee und auch der Marine so haltbar zu machen, dass sie von der Truppe überallhin mitgenommen werden konnten. Auf diese Weise sollte die ausreichende Versorgung der Truppe auch in unwirtlichen Gegenden und im Winter sichergestellt werden – dies wäre ein enormer Vorteil für den Kriegsherren gewesen. Dieser 12 000-Goldfrancs-Preis wurde 1810 tatsächlich ausbezahlt, denn die französische Marine hatte Konserven, die nach dem Hitzeprinzip haltbar gemacht worden waren, erfolgreich getestet. Preisträger war der Deutsche François Nicolas Appert, der »für die Kunst, alle animalischen und vegetabilischen Substanzen in voller Frische zu erhalten«, wie es in der Verleihungsurkunde hieß, ausgezeichnet wurde (Quelle: Fa. Weck). An die Ausbezahlung des Preises wurde jedoch die Bedingung geknüpft, dass Appert darüber ein Kochbuch verfasste. Dieses erschien im Jahre 1822 unter dem Titel *Die Kunst alle animalischen und vegetabilischen Substanzen nähmlich alle Gattungen Fleisch, Geflügel, Wildpret, Fische, Zugemüse, Kuchen – Arzneygewächse, Früchte, Sulzen, Säfte; ferner Bier, Kaffeh, Thee u. s. w. in voller Frische, Schmackhaftigkeit und eigenthümlicher Würze mehrere Jahre zu erhalten.*
Die industrielle Umsetzung des Appert-Prinzips gelang dem Che-

miker Dr. Rudolf Rempel aus Gelsenkirchen. Seine Erfindung wurde am 24. April 1892 patentiert. Zu den ersten großen Kunden zählte die deutsche Firma Weck, welche die Patentrechte erwarb und das Prinzip der sterilisierten Gläser für Hausfrauen praktisch umsetzte. WECK-Gläser und WECK-Geräte wurden in Kochschulen, Pfarrhäusern und Kliniken erfolgreich eingesetzt und erfreuten bald auch viele Hausfrauen. So begann Anfang des 20. Jahrhunderts eine besondere Erfolgsgeschichte, die sich in der Marke »Weck« und dem daraus abgeleiteten, neuen Verb »einwecken« verewigt hat.

Zusatz von Konservierungsstoffen: Viele verarbeitete Erzeugnisse verdanken ihre Haltbarkeit und Sicherheit den Konservierungsstoffen. Sie müssen zugelassen und gesundheitlich unbedenklich sein. Leider werden sie als potenzielle Ursache bestimmter Unverträglichkeiten oder Allergien in der Öffentlichkeit – aus wissenschaftlicher Sicht zu Unrecht – übertrieben kritisiert, sodass manche Hersteller sie nicht mehr einsetzen und mit der Angabe »Frei von Konservierungsstoffen« sogar werben.

Der Kühlschrank-Guide

Wie Menschen ihren Kühlschrank und ihre Gefriertruhe benutzen könnten, wie sie damit tatsächlich Lebensmittel mehr oder weniger frisch halten, das wird bei allen namhaften Herstellern akribisch untersucht. Und der Kühlschrank ist weltweit das Elektrogerät, das den Lebenskomfort der Massen am meisten bestimmt – mehr noch als Herd oder Handy!

Den meisten Menschen gibt er eine enorme Versorgungssicherheit – ohne Kühlung wären wir im Sommer sehr schnell auf eine Just-in-time-Küche angewiesen: einkaufen, zubereiten und essen, was auf den Tisch kommt. Der Kühlschrank ist also weit mehr als ein Aufbewahrungsort. Gut gefüllt vermittelt er dem Wohlstandsbürger das beruhigende Gefühl, auf alle Eventualitäten vorbereitet zu sein: eigene spontane Gelüste, Besuche von Freunden und Verwandten oder die unberechenbaren Wünsche der Familie. Mit dem reichen Angebot des Kühlschranks findet sich immer eine Lösung für jedes Ernährungsproblem!

Das soll auch so bleiben und ist prinzipiell nicht zu kritisieren – wir möchten Ihnen nur das neueste und beste Know-how vermitteln, um den Kühlschrank effizient und richtig zu nutzen, damit er nicht die Vorstufe zum Mülleimer wird. Vielmehr soll er eine optimal genutzte Schatztruhe werden, in der nichts verdirbt. Alle Nahrungsmittel und Speisereste, die in den Kühlschrank oder ins Tiefkühlfach kommen, sollen auch verbraucht werden können.

Der wichtigste Tipp beim Einkaufen: Eine geschlossene Kühlkette einhalten. Das heißt – speziell bei sommerlichen Temperaturen –, dass die Produkte nicht während des Einkaufens und auf dem Nachhauseweg auftauen dürfen (Tiefkühlprodukte) oder über längere Zeit zu hohen Temperaturen ausgesetzt sind (Kühlschrankprodukte). Praktisch ist es deshalb, Milch, Butter Fleisch oder Fisch sowie Eis und alle anderen Tiefkühlprodukte im Laden zuletzt in den Wagen zu legen und diese zusammen in einen Thermosack oder Isolierbeutel zu packen, damit sie möglichst wenig Kälte verlieren.

Bei gekochten Speisen sollten Sie Folgendes beachten:
Erhitzte Gerichte sollen generell schnell abgekühlt werden, um

die Vermehrung von Bakterien zu vermeiden. Nehmen Sie daher die warmen Speisen aus dem warmen Topf, damit dieser das Essen nicht unnötig länger warm hält. Füllen Sie das Essen, das Sie aufbewahren wollen, in den Behälter für den Kühlschrank um. Sie können den Abkühlungsprozess beschleunigen, wenn Sie den Behälter schon vorgekühlt haben. Bei kaltem Wetter nutzen Sie doch einfach Ihr Fensterbrett oder den Balkon als Abkühlzwischenstation, um Bakterien und Keime gleich mal bei ihrer Vermehrung zu stören. Sobald die Speisen auf Zimmertemperatur sind, ab damit in den Kühlschrank.

Interview mit Dr. Astrid Klingshirn: »Erst bei minus 30 Grad Celsius ist jeglicher Verderb gestoppt«

Dr. Astrid Klingshirn ist Aufbewahrungs-Expertin bei BSH Bosch-Siemens-Hausgeräte GmbH und kennt wirklich alle Tricks, um Nahrungsmittel möglichst lange frisch zu halten.

Wie viel von den Lebensmitteln, die im Durchschnitt in einen Kühlschrank kommen, wird später auch gegessen – und wie viel landet im Müll?

DR. KLINGSHIRN: Die Studien, die ich kenne, beziehen sich auf das Ausland. Danach landen etwa 20 bis 25 Prozent der Nahrungsmittel, die gekauft werden, im Mülleimer. Dazu gehören aber alle Nahrungsmittel, auch Fastfood, das unterwegs gegessen und teilweise unverzehrt weggeworfen wird, und natürlich alle Arten von Obst, Gemüse, Backwaren, Fisch, Fleisch oder Getränken. Ich gehe davon aus, dass in Deutschland auch etwa ein Viertel der Nahrungsmittel unverzehrt entsorgt werden muss.

Warum landet so viel Essbares aus dem Kühlschrank in den Mülltonnen?

DR. KLINGSHIRN: Es sind eigentlich zwei Bereiche, die dafür verantwortlich sind:

Erstens: falsche Planung von Einkäufen und Mahlzeiten in der Überflussgesellschaft und falsche Bedarfsplanung. Viele Menschen haben keine Ahnung, welche Nahrungsmittelmengen für welche Personenzahl benötigt werden. Nur wenige haben eine Art Wochenplanung. Und es mangelt am Know-how zur sinnvollen, schmackhaften Speise- und Resteverwertung.

Zweitens: falsche Lagerung und Unwissen im korrekten Umgang mit Lebensmitteln. Das gilt sowohl für frische Lebensmittel als auch zubereitete Speisen. Falsche Lagerbedingungen wie etwa Lagertemperatur, Luftfeuchte. Die meisten Menschen besitzen kein Know-how über die Verderbsparameter wie etwa die Lagerdauer frischer Waren.

War das vor 50 Jahren noch anders?

DR. KLINGSHIRN: Ich glaube schon! Da gab es klare Familienstrukturen mit der Mutter als zentraler Ernährungsmanagerin, feste Essenszeiten, Rituale und Rezepte. Die Ernährung wurde auch höchst effizient betrieben, beim Kochen wurde alles verwendet, Reste wurden am nächsten Tag erwärmt oder weiterverwendet. In fast jedem Haushalt gab es früher doch Einweckgläser und selbstgemachte Marmelade.

Marmeladengläser, beschriftet mit »Johannisbeere 2009«, so etwas hat heute schon einen antiquierten Charme.

DR. KLINGSHIRN: Obst und Gemüse selbst anbauen, ernten, verarbeiten und konservieren – wer macht das schon? Heute steht man in einem übervollen Supermarkt, kauft nach Lust und Laune, aber nicht nach dem eigentlichen Bedarf oder gar mit dem Ziel, einen vernünftigen Ernährungsplan für die Woche zu erstellen. Es gilt ja bei vielen Menschen schon als Koch-Event, wenn man eine Tütensuppe aufreißt und heißes Wasser darübergießt.

Fehlt es am technischen oder am ökotrophologischen Knowhow?

DR. KLINGSHIRN: Es fehlt an beidem. Es ist ganz eindeutig so, dass mit dem Verlust des Ernährungswissens auch das Knowhow über das Haltbarmachen, die sachgerechte Aufbewahrung und Konservierung verloren ging. Die meisten wissen nur noch, dass es gut ist, wenn man Nahrungsmittel kühlt. Aber dass nicht jedes Lebensmittel gleich zu behandeln ist, dass verschiedene Lebensmittelgruppen unterschiedliche Anforderungen an die Lagerparameter stellen, das wissen die meisten Kunden nicht. Für uns als Hausgerätehersteller ist klar, dass wir es den Leuten einfach machen müssen. Der Geräteaufbau und die verfügbaren Lagerzonen müssen so gestaltet sein, dass die Kunden intuitiv das Richtige mit ihren Nahrungsmitteln anstellen.

Wie stark verhindert die Kühlung bzw. das Einfrieren die Ausbreitung von Keimen?

DR. KLINGSHIRN: Eine niedrigere Lagerungstemperatur verlangsamt Verderbsprozesse oder bringt sie ganz zum Erliegen. Das können Mikroorganismen sein, aber auch chemische Verderbsprozesse, wie die Oxidation von Fett, wenn etwa die Butter ranzig wird. Es gibt eine Faustregel: 10 Grad Celsius weniger verlängern die Haltbarkeit um den Faktor zwei bis drei. Je näher die Temperatur an 0 Grad Celsius ist, umso besser ist das für die meisten Lebensmittel, aber nicht für alle!

Wie schnell vermehren sich Keime?

DR. KLINGSHIRN: Die meisten Mikroorganismen haben bei Zimmertemperatur eine Generationszeit von 30 Minuten bis zu drei Stunden – in dieser Zeit folgt eine Generation der nächsten. Das ist exponentielles Wachstum. Einige Stunden außerhalb des Kühlschranks können v. a. hochverderbliche Lebensmittel rasch ungenießbar machen. Besonders kritische Lebensmittel sind Hähnchenfleisch, Hackfleisch oder Frischfisch, bei denen es durch die Vermehrung von krankheitserregenden Keimen zu einer Lebensmittelinfektion oder -vergiftung kommen kann.

Welches sind die schlimmsten Übeltäter, die Nahrung zersetzen und ungenießbar machen?

DR. KLINGSHIRN: Listerien sind bei Milchprodukten, insbesondere bei Rohmilchkäse und Weichkäse, aber auch bei Fleisch und Fisch immer wieder ein Thema – da wäre eine bessere Kontrolle der Temperatur wünschenswert – bei einer Lagertemperatur unter 4 Grad Celsius kann man eine Gefährdung deutlich reduzieren. Salmonellen im Tiramisu oder anderen Speisen mit rohen Eiern, aber auch im Geflügelfleisch zählen ebenso zu den typischen Infektionserregern. Salmonellen wachsen ab ca. 7 Grad Celsius. Darunter kann man solche Speisen eben wesentlich sicherer aufbewahren.

Brauchen alle – Bakterien, Enzyme wie Pilze – die gleichen Bedingungen, um an der Ausbreitung gehindert zu werden?

DR. KLINGSHIRN: Nein, es gibt einige Keime, die fühlen sich am wohlsten bei 30 bis 40 Grad Celsius, und diese können schon bei 10 Grad Celsius nicht mehr wachsen. Es gibt aber auch Keime, die bei den typischen Kühlschranktemperaturen weiterwachsen – das sind die sogenannten psychrotrophen Keime, die können sich auch bei 0 Grad Celsius und sogar minus 2 bis minus 5 Grad Celsius vermehren. Hefen wachsen bis minus 10 Grad Celsius, bei Schimmelpilzen ist es sogar noch extremer, die können sich bis minus 12 Grad Celsius vermehren. Grundsätzlich gilt: Je kühler, desto besser kann man die Ausbreitung von Keimen verhindern, umso besser ist dies letztlich für die Sicherheit und Haltbarkeit der Lebensmittel.

Welche Rolle spielt die Luftfeuchte?
DR. KLINGSHIRN: Grundsätzlich gilt: Je feuchter, desto besser die Grundlage für den Verderb durch Mikroorganismen. Schimmelpilze fühlen sich bei einer Luftfeuchte ab 70–80 Prozent wohl. Deshalb sollte man bei gefährdeten Produkten, wie etwa Brot, eine zu hohe Luftfeuchte und insbesondere die Bildung von Kondensat vermeiden. Auch hier gilt aber wieder: Je kühler die Lagerung, desto langsamer das Wachstum – für Brot kann im Sommer die Lagerung im Kühlschrank sinnvoll sein, um das Schimmelpilzwachstum zu verzögern.

Im Kühlschrank ist es aber mitunter recht feucht.
DR. KLINGSHIRN: Je niedriger die Lagertemperatur ist, desto unkritischer ist eine hohe Luftfeuchte für die gelagerten Lebensmittel. Allerdings sollte man die Bildung von Kondensat auf und unter den Lebensmitteln vermeiden.

Für Lebensmittel wie Obst und Gemüse ist eine hohe Luftfeuchte bei der Lagerung erwünscht, um ein rasches Austrocknen und damit auch Nährwertverluste sowie einen raschen Verderb zu vermeiden. In der Gemüseschale herrschen dabei die idealen Lagerbedingungen, da ein zu rasches Austrocknen vermieden wird.

Der Kühlschrank – eine Wissenschaft für sich?

DR. KLINGSHIRN: Man muss ihn nur richtig einsetzen. Die richtige Lagersystematik, die dabei die hygienischen Anforderungen berücksichtigt, und die Temperaturzonen im Gerät sind das A und O:

Oben: unempfindliche, länger lagerbare Lebensmittel wie Backwaren, Marmelade, Hartkäse.

In den mittleren Fächern: Milchprodukte, gut verpackte Reste von gekochten Speisen

Unten: Fisch, Fleisch- und Wurstwaren. In die unteren Boxen kommen Obst und Gemüse, damit diese nicht austrocknen. In den Türen befinden sich die Halterungen für Getränke und Milch.

Diese Trennung in bestimmte Fächer ist auch aus hygienischen Gründen wichtig, da wir besonders Wert darauf legen sollten, rohes Obst und Gemüse etwa von Fisch, Fleisch- und Wurstwaren zu trennen. So hat man durch die Gemüseschale unten eine besonders gute Trennung und vermeidet Kreuzkontaminationen.

Wenn ich den Kühlschrank auf eine bestimmte Temperatur einstelle, ist es im Inneren dann überall gleich kalt?

DR. KLINGSHIRN: Im mittleren Bereich ist das ziemlich präzise. Wenn Sie beispielsweise 5 Grad Celsius einstellen, hat er dort 5 Grad Celsius. In den oberen Fächern oder in den Türfächern können es je nach Geräteart und Gerätegröße durch die Temperaturschichtung im Gerät 1 bis 2 Grad Celsius mehr sein. Es gibt aber moderne Kühlschränke mit einem Umluftkältesystem, die durch die Luftzirkulation überall eine sehr ausgeglichene Temperatur aufweisen.

Aus Energiespargründen sollte man die Temperatur möglichst hoch einstellen. Was ist nun die richtige Kühlschranktemperatur?
DR. KLINGSHIRN: Die optimale Lagertemperatur für Frischhaltung und Lebensmittelsicherheit liegt bei 4 Grad Celsius. Für die maximale Lagerdauer und Frischhaltung gilt dabei: Je niedriger die Lagertemperatur bzw. je näher an den 0 Grad Celsius, desto besser.

Falls jedoch wenig frische Lebensmittel gelagert werden bzw. die Lagerdauer stets sehr kurz ist, kann die Kühlschranktemperatur entsprechend angepasst werden.

Energiesparen oder Fleischvergiftung?
DR. KLINGSHIRN: In der allgemeinen Diskussion ums Stromsparen kommen die möglichen Risiken durch unsachgemäße Aufbewahrung durch eine zu hohe Temperatur im Kühlschrank zu kurz. Das Problem ist den Energieexperten und Stromversorgern oft nicht klar, wenn sie solche Empfehlungen verbreiten.

Wie groß ist denn die Ersparnis, wenn man einen Kühlschrank 1 Grad Celsius höher temperiert?
DR. KLINGSHIRN: Was eine Energieersparnis bei 1 Grad Celsius Temperaturerhöhung bedeutet, ist sehr stark geräteabhängig, und Energieeinsparungen können nur begrenzt verallgemeinernd angegeben werden. Bei Kühl-Gefrier-Kombinationen kann bei einer Temperaturerhöhung von 1 Grad Celsius im Kühlfach

161

von einer Ersparnis von etwa 2 Prozent, bei reinen Kühlgeräten von etwa 6 Prozent ausgegangen werden.

Gibt es neue Kühl-Gefrier-Technologien, um noch besser zu konservieren?

DR. KLINGSHIRN: Es gibt eine Reihe innovativer Technologien, wie etwa das VitaFresh-System der BSH, um Fleisch und Fisch sowie Obst und Gemüse bei einer konstanten Lagertemperatur nahe an 0 Grad Celsius noch länger frisch zu halten.

Für Obst und Gemüse sorgen Lagerfächer mit einer speziellen Feuchtekontrolle wie das HydroFresh-Fach dafür, dass Austrocknen vermieden wird und Salat oder Karotten lange knackig und frisch bleiben.

Ganz neu ist, dass wir bei einigen Modellen Frischhaltefächer mit Vakuumtechnik anbieten, auch das verlängert die Haltbarkeit. Auf Knopfdruck wird bei diesen Modellen der Luftdruck reduziert und damit der Sauerstoffgehalt in der Lageratmosphäre reduziert. In dieser modifizierten Atmosphäre halten Fleisch, Fisch oder Wurst deutlich länger. In diesem Vakuumfach bleibt aber auch ein Obstsalat länger frisch, weil die Enzymreaktion des Obstes, also die natürliche Zersetzung bei Sauerstoffkontakt, sehr stark verlangsamt ist.

Gibt es Nahrungsmittel, die besonders kältesensibel sind?

DR. KLINGSHIRN: Einigen Südfrüchten bekommt die Kühlschranktemperatur nicht. Frische Orangen oder auch Ananas vertragen Kälte nicht gut. Wenn Sie aufgeschnittene Ananas kaufen, ist klar, dass diese im Kühlschrank noch zwei Tage frisch bleibt. Aber eine ganze Ananas leidet darunter, wenn man sie beispielsweise eine Woche oder noch länger kühlt. Viele Früchte erleiden einen Kälteschaden und verlieren ihr Aroma. Auch Tomaten, Gurken oder Melonen gehören dazu. Die Textur geht verloren, sie wässern sehr stark und schmecken einfach nicht mehr gut.

Muss man Nahrungsmittel für eine Kühlschranklagerung vorbereiten?

DR. KLINGSHIRN: Wir wissen, dass die meisten Kunden ihre Nahrungsmittel so in den Kühlschrank stellen, wie sie diese auch gekauft haben. Alles, was angebrochen ist, sollte man aber in Plastikboxen oder zumindest in Folien verpacken, damit Kontaminationen und Feuchteverluste verhindert werden.

Wie verhält es sich mit Gerüchen?

DR. KLINGSHIRN: Das ist für immer mehr Kunden ein wichtiges Thema, denn nur Nahrungsmittel, die gut riechen, werden auch gerne verzehrt. Unsere Kühlschränke, die dynamisch gekühlt werden, sind auch mit einem Aktivkohlefilter ausgestattet, der unangenehme Gerüchte reduziert. Generell empfehle ich, angeschnittene Lebensmittel wie Butter, Wurst, Käse, aber auch geruchsintensives oder empfindliches Gemüse und Obst sachgerecht zu verpacken. Dann ist der Geruch kein Problem mehr. Außerdem ist das hygienischer.

Wie bewahrt man beispielsweise den Rest eines Nudelgerichtes fachgerecht auf?

DR. KLINGSHIRN: Dafür würde ich eine Kunststoffbox nehmen, es geht aber auch ein tiefer Teller oder eine Keramikschale, die man mit Folie abschließt. Hauptsache, die Verpackung ist dicht und bleibt dicht, auch in der Kälte.

Ist es sinnvoll, Essensreste einzufrieren?

DR. KLINGSHIRN: Natürlich, Sie können fast alle Speisen einfrieren. Was gekocht ist, eignet sich sogar besonders gut.

Wie lange bleiben Essensreste im Tiefkühlfach genießbar?

DR. KLINGSHIRN: In den modernen Vier-Sterne-Fächern sind solche Speisereste – ein Braten, ein Eintopfgericht oder eine Lasagne – dann bei minus 18 Grad Celsius drei bis sechs Monate lagerbar. Bei minus 18 Grad Celsius gibt es kaum noch Verderbsprozesse, nur noch sehr langsam ablaufende enzymatische oder chemische Zersetzungsprozesse.

Was passiert dabei?

DR. KLINGSHIRN: In fetthaltigen Speisen läuft dann eine Oxidation ab. Butter wird zum Beispiel auch im Tiefkühlfach noch ranzig, aber eben sehr langsam. Erst bei minus 30 Grad Celsius spielt der chemische und enzymatische Verderb keine Rolle mehr. Für wasserhaltige Lebensmittel – und das betrifft fast alles, vom Nudelgericht bis zum Toastbrot – bleibt aber problematisch, dass in dieser trocken-kalten Atmosphäre alles austrocknet – das ist als Gefrierbrand mit den eindringlichen Bildern in TV-Spots bekannt geworden.

Wie vermeidet man Gefrierbrand?

DR. KLINGSHIRN: Man kann Gefrierbrand durch gute Verpackung weitgehend verhindern. Wichtig ist, dass die Verpackung luftdicht ist, eng anliegt und das Verpackungsmaterial frostgeeignet ist. Am besten ein Frischhaltebeutel oder eine Gefrierbox ohne Lufteinschluss, sonst gibt es diese grauen vertrockneten Stellen mit Gefrierbrand. Typischerweise findet man das an eingefrorenem Brot, wenn der Beutel nicht ganz eng anliegt, oder auch bei Fisch. Gefrierbrand ist natürlich nicht giftig oder gesundheitsschädigend, aber das vertrocknete Zeug schmeckt einfach nicht mehr.

Was ist weniger geeignet zum Einfrieren?

DR. KLINGSHIRN: Grundsätzlich gilt: Alle Lebensmittel, die gekocht, gebraten oder gebacken werden, eignen sich sehr gut zum Einfrieren. Alles, was roh verzehrt wird, muss vorbehandelt werden. Einige Produkte eignen sich dabei auch gar nicht zum Einfrieren, wie Salat. Fast alle Gemüsesorten sollte man vor dem Einfrieren blanchieren – also kurz in kochendes Wasser halten, damit die enzymatischen Verderbsreaktionen gestoppt werden. Spargel oder Kräuter sind Ausnahmen, die können Sie einfach so einfrieren.

Bei Obst ist es ähnlich: Fast alles sollte man kurz erhitzen. Oder aber in Zucker- oder Zitronensäurelösung einfrieren. Äpfel sollte man aufschneiden, erhitzen, einpacken, dann abkühlen lassen und anschließend einfrieren.

Weniger geeignet zum Gefrierlagern sind Buttermilch, Dickmilch oder Joghurt – hier geht die ursprüngliche Textur verloren.

Wie lange bleibt rohes, eingefrorenes Fleisch verzehrbar?

DR. KLINGSHIRN: Das funktioniert meistens sehr gut. Kalbfleisch, Rinderbraten oder Schweinefleisch kann man neun bis 15 Monate aufbewahren, bei Fisch sind es fünf bis neun Monate.

Sollte man Gerichte vor dem Einfrieren separieren?

DR. KLINGSHIRN: Ja, es ist sinnvoll ein Gericht aufzuteilen: etwa Braten, Rotkohl und Knödel separat einzupacken und separat einzufrieren. Dann kann man besser planen und die Nahrungsmittel auch einzeln verwenden. Es ist auch einfacher beim Auftauen.

Was passiert nach dem Einkaufen mit der gefrorenen Pizza oder einem Eis auf dem Nachhauseweg?

DR. KLINGSHIRN: Grundsätzlich sollte man aufgetaute Nahrungsmittel weiterverarbeiten und verzehren und nicht noch einmal einfrieren. Wenn eine Pizza beispielsweise nur ein bisschen weich geworden ist, bildet sich Kondenswasser, das friert dann wieder ein und setzt sich als Einkristall am Rand ab. Das ist vom hygienischen Standpunkt unproblematisch, aber es kann den Verzehrgenuss beeinträchtigen. Es ist also ratsam, speziell im Sommer bei hohen Außentemperaturen, Tiefkühlgut schnell nach Hause zu bringen. Eine Stunde im heißen Auto kann da für eine Pizza zu viel sein. Die sollte man lieber gleich zubereiten.

Wie taut mach fachgerecht auf?

DR. KLINGSHIRN: Auftauen sollte man Fleisch und Fisch möglichst langsam und schonend. Ein tiefgefrorenes Stück Fleisch oder einen Fisch kann man schon am Tag vor dem Verzehr im Kühlschrank langsam auftauen lassen.

Gemüse und Obst hingegen kann man rasch auftauen – in der Mikrowelle oder in kochendem Wasser – je nach Verwendungszweck.

Viele täglich genutzte Kühlgeräte – etwa im Büro – machen nicht selten einen schmuddeligen Eindruck – wie verhält es sich generell mit der Hygiene im Kühlschrank?

DR. KLINGSHIRN: Man sollte den Kühlschrank einmal im Monat feucht reinigen, am besten mit einem milden Reinigungsmittel.

Nach aktuellen Studien der BSH reinigen 30 Prozent der Kunden den Kühlschrank zumindest partiell jede Woche, 40 Prozent einmal im Monat.

Die private Erfahrung zeigt: Es wimmelt oft vor schimmeligen Produkten, die vergessen wurden. Müsste man die Geräte regelmäßig mit scharfen Mitteln desinfizieren?
DR. KLINGSHIRN: Nein, das ist nicht empfehlenswert und völlig unnötig. Ein Schwämmchen und warmes Wasser mit etwas Essig oder Spülmittel und am Ende trocken reiben, dann ist man auf der sicheren Seite, und der Kühlschrank bleibt ein hygienischer Aufbewahrungsort.

Wie die optimale Lagerung die Haltbarkeit verbessert

Ökotrophologen und Kältetechniker haben die besten Bedingungen erforscht, um Fleisch, Obst, Gemüse und sonstige Nahrungsmittel möglichst lange frisch zu halten. Für Fleisch, Fisch und Wurst sind 0 Grad Celsius und eine Luftfeuchte von 50 Prozent ideal, Obst und Gemüse bleiben bei 0 Grad Celsius und extrem hoher Luftfeuchte von 95 Prozent am längsten frisch. Die Verbesserungen zwischen »ohne Kühlung« bei Raumtemperatur, »normaler Kühlung« bei 5 bis 8 Grad Celsius und undefinierter Luftfeuchte sowie den optimierten Kühlbedingungen (entsprechen beispielsweise dem VitaFresh-Verfahren) sind teilweise dramatisch:

Haltbarkeit			
Produkt	*Ohne Kühlung*	*Bei normaler Kühlung*	*Bei optimierter Kühlung**
Apfel	14 Tage	60 Tage	180 Tage
Birne	7–10 Tage	30 Tage	100 Tage
Erdbeere	1 Tag	3 Tage	5–8 Tage
Pfirsiche	2 Tage	3–5 Tage	14–40 Tage
Weintrauben	3 Tage	3–7 Tage	28–40 Tage
Blumenkohl	3 Tage	7 Tage	14–28 Tage
Karotten	1 Tag	5 Tage	10–30 Tage
Salat	1 Tag	3–7 Tage	7–28 Tage
Spargel	5–10 Stunden	2–3 Tage	14–28 Tage
Zwiebel	7 Tage	7–21 Tage	30–150 Tage
Fisch	3–6 Stunden	1 Tag	2–3 Tage
Geflügel	3–6 Stunden	1–3 Tage	5–7 Tage
Rind/Schwein	6–12 Stunden	1–3 Tage	5–7 Tage
Joghurt	1 Tag	14 Tage	30 Tage
Vollmilch	3–12 Stunden	3–4 Tage	7 Tage
Weichkäse	1 Tag	5 Tage	10–30 Tage
Hartkäse	1–3 Tage	7 Tage	7 Tage
(Quelle: BSH und eigene Tests)			

* wie zum Beispiel durch das VitaFresh-Verfahren

Vorsicht: Exoten hassen die Kälte!

Es gibt zahlreiche Obst- und Gemüsesorten – meistens aus tropischen Regionen –, die nicht in den Kühlschrank gehören, weil anhaltend kalte Temperaturen unterhalb von +10 Grad Celsius Geschmack, Duft, Farbe und Textur schaden: Avocado, Banane, Grapefruit, Zitrone, Mandarinen, Mango, Orange, Papaya, Ananas, Wassermelone, Aubergine, Gurke, Kürbis, Tomaten, Zucchini, Süßkartoffel. Natürlich kann man diese Früchte/Gemüsesorten einen oder zwei Tage im Gemüsefach aufbewahren – oder speziell Melonen vor dem Servieren kühlen –, aber die Haltbarkeit und Qualität kann man bei diesen Pflanzen durch Kühlung ohne starken Qualitätsverlust kaum erhöhen.

Ethylen – ein Gas macht Pflanzen reif und reifer

Riesengroße Frachtschiffe transportieren mitunter hunderttausende von Bananen in ihren Kühlräumen. Moderat um +10 Grad Celsius gekühlt und unter dem Zusatz von Stickstoff liegen die grünen Früchte sozusagen im Koma. Erst wenn sie im Großmarkt angekommen sind, werden sie langsam erwärmt und mit Ethylen begast. Dieses Gas, das viele Pflanzen auch natürlicherweise selbst produzieren, löst den Reifeprozess der Pflanzen aus. Die Banane beispielsweise wird außen langsam gelb und innen süß.

Ethylen beeinflusst verschiedene Alterungsprozesse von Pflanzen: die Reifung, die Entwicklung von Blüten, den Abwurf der Blätter oder das Absterben von bestimmten Pflanzenteilen. Das Kuriose an dem Gas ist: Kommt die Pflanze damit in Kontakt, erzeugt sie selbst noch mehr Ethylen – ein lawinenartiger Prozess beginnt, der erst mit dem Zerfall der Frucht endet. Auf diese Weise reift etwa eine Frucht an allen Stellen zugleich.

Für die Aufbewahrung spielt Ethylen also zweifach eine Rolle: Es gibt Pflanzen, wie etwa Äpfel, die sehr viel von dem Gas entwickeln, und es gibt welche, die extrem empfindlich auf Ethylen reagieren, wie etwa Tomaten, Bananen oder auch der Apfel selbst. Andere Pflanzen entwickeln kein Ethylen (Fenchel, Preiselbeeren) oder sie reagieren einfach nicht auf das Gas, wie etwa Bitterorangen und Rettich. Unbedingt vermeiden sollte man also das gemeinsame Aufbewahren von Pflanzen, die viel Ethylen produzieren, mit solchen, die extrem stark darauf reagieren – sonst ist ein schneller Verderb garantiert!

Deshalb hier eine Liste von Obst und Gemüse, welche überdurchschnittlich viel Ethylen produzieren:

Apfel	Blaubeeren	Pfirsich
Aprikose	Feige	Pflaume
Avocado	Honigmelone	Tomate
Banane	Mango	
Birne	Passionsfrucht	

Und die Liste der Pflanzen, die überdurchschnittlich stark auf das Gas reagieren:

Apfel	Gurke	grüner Salat
Aprikose	Kartoffel	Spargel
Avocado	alle Kohlsorten	Spinat
Banane	Lauch	Tomate
Birne	Mandarine	Zitrone
Bohne	Orange	Zucchini

Frische-Guide von A – Z

Alles über Fleisch, Wurst, Fisch, Milchprodukte, Eierspeisen, Obst, Gemüse und Backwaren

Natürlich können wir in unserem Buch nicht alle Produkte und Speisen berücksichtigen, die im Supermarkt, auf dem Wochenmarkt, beim Metzger, in der Bäckerei oder in Restaurant/Kantine/Imbiss erhältlich sind. Deshalb legen wir den Schwerpunkt auf jene Lebensmittel, die einerseits häufig verzehrt werden und andererseits schnell verderblich sind. Dabei stehen jeweils die Merkmale der normalen Beschaffenheit, Haltbarkeit und die sichtbaren oder anderweitig spürbaren Verderbserscheinungen im Mittelpunkt.

Fleisch

Fleisch ist zugleich eines der wichtigsten und am leichtesten verderblichen Lebensmittel. Wegen seines Eiweißreichtums und des relativ hohen Wassergehaltes bietet es einen guten Nährboden für Mikroorganismen. Bei der Gewinnung (Schlachten, Zerlegen) ist es auch unter guten Hygienebedingungen unvermeidbar, dass die Oberflächen kontaminiert werden. Je mehr Oberflächen beim Zerlegen in Teilstücke oder beim Herstellen von Hackfleisch entstehen, desto sensibler ist es, und die Verderbsanfälligkeit steigt. Besonders über die Schnittflächen dringen Mikroorganismen

171

rasch in die Tiefe vor. Fleisch muss deshalb bis zur endgültigen Zubereitung einer geschlossenen Kühlkette unterworfen werden. Der Gesetzgeber fordert nach dem Schlachten ein umgehendes Herunterkühlen des Fleisches auf mindestens 7 Grad Celsius, bei dem meist noch keimreicheren Geflügelfleisch auf mindestens 4 Grad Celsius. Die 7 Grad Celsius sind ein Kompromiss zwischen den Kühlkosten und der Hygiene. Im Haushalt sollte man deshalb das Fleisch wenn möglich bei noch tieferen Temperaturen aufbewahren. Bei 5 Grad Celsius hält es sich im Allgemeinen sicher zwei Tage (ausgepackt, abgedeckt), frisches Geflügel manchmal nicht einmal so lange. Am besten sind 0 bis 1 Grad Celsius, dann kann das Fleisch ein bis drei Tage länger gelagert werden. Die Haltbarkeit lässt sich auch durch Vakuumverpackungen oder unter Schutzgasatmosphäre verlängern; das Fleisch sollte dann bis zur Verwendung in der Fertigpackung verbleiben. Da der Keimgehalt je nach Schlachthygiene unterschiedlich stark ist, schwankt in Abhängigkeit davon die Haltbarkeit des Fleisches. Für nicht zerlegte Schlachtkörper gelten deutlich längere Haltbarkeitsfristen.

Vorverpackte, marinierte Fleischteile, wie sie der Einzelhandel in den letzten Jahren besonders in der Grillsaison verstärkt anbietet, erwiesen sich in Untersuchungen als lebensmittelhygienisch sicher, wobei ein Mindesthaltbarkeitszeitraum von sieben bis zehn Tagen empfohlen wird.

Fleisch kann pathogene Bakterien (Salmonellen, Campylobacterkeime, Listerien) oder auf den Menschen übertragbare Parasiten (Rinderfinnen, Toxoplasmen) enthalten, ohne dass dies erkennbar ist. Auch die Fleischuntersuchung eines Schlachttieres kann dies nicht ausschließen. Deshalb sollte rohes Fleisch in der Küche nicht mit anderen Lebensmitteln direkt oder indirekt –

über Messer oder Arbeitsflächen – in Kontakt kommen. Die Gerätschaften müssen nach dem Kontakt mit rohem Fleisch unbedingt gründlich mit heißem Wasser gereinigt werden. Ebenso wichtig ist es, die Hände nach dem Berühren des Fleisches sauber zu waschen. Vor allem muss auf jeden Fall das Fleisch wirklich durchgaren, nur so sterben die meisten Lebensmittelinfektionserreger ab. Der Kern des Fleisches sollte dabei auf eine Temperatur von 75 bis 80 Grad Celsius erhitzt werden. Das ist letztlich die wichtigste Hygienemaßnahme für die Fleischzubereitung. Gerichte mit rohem oder halbgarem Fleisch (blutige Steaks oder rosa Wildbret) sind für den Konsumenten weit weniger sicher als durchgegartes Fleisch.

Geflügelfleisch bietet stets ein gewisses Risiko, da hier am häufigsten pathogene Keime zu erwarten sind. Da Hühnchen, Enten oder Gänse oft ganz oder in dickeren Stücken (Schenkel, Brust) angeboten und gebraten werden, ist hier auf das Durchgaren und die Hygiene besonders zu achten: Auch das Innere der Knochen darf nicht mehr blutig rot oder rosa sein! In solchen Fällen muss weitergebraten, -gekocht oder -gegrillt werden, bis alle Fleischportionen einwandfrei gar sind.

Auch beim Vorkochen (Vorbraten) darf das Fleisch im Innern nicht roh bleiben, denn beim langsamen Abkühlen vermehren sich die im Inneren überlebenden Keime mitunter rasant. Wenn fertig erhitztes Fleisch nicht zum sofortigen Verzehr gedacht ist, sollte es schnell abgekühlt werden.

Frisches Fleisch kann an der Luft rasch oxidieren, wobei die Farbe etwas verblasst und vielleicht einen grauen bzw. rotbraunen Farbton annimmt. Das ist weder gefährlich, noch stellt es den Frischegrad in Frage. Bei vakuumverpacktem Fleisch oder in Verpackungen mit Schutzgasatmosphäre bleibt die rote Farbe länger erhalten. Für die Beurteilung muss natürlich beachtet werden, dass die Fleischfarbe stark von der Tierart, dem Alter des Tieres und der jeweiligen Muskelpartie abhängt. Auch das Antrocknen der Oberfläche ist noch kein Zeichen unzureichender Frische, sondern sogar eher erwünscht, weil dadurch die Keimvermehrung gehemmt wird.

Beginnender Verderb äußert sich meist durch Klebrigkeit der Oberfläche, die dann stumpf glänzend erscheint. Beim Geflügel beginnt diese Veränderung an den Stellen, die feucht sind – zwischen Schenkel und Bauchwand oder unter den Flügeln. Abwaschen führt nicht zu einer ausreichenden Beseitigung des Keimbelags. Im Haushalt könnte man allenfalls bei noch sehr schwachen Veränderungen ohne oder mit sehr geringen Geruchsabweichungen die betroffenen Oberflächen großzügig abschneiden. Aber sicherer ist es stets, auch bei beginnendem Verderb, das Fleisch nicht mehr zu essen. Je weitgehender Fleisch verdirbt, desto schlechter riecht es, wird weicher, verliert seine Struktur und verfärbt sich dunkel und wird grüngelb. Im Zweifelsfall sollte man besonders die Bindegewebe-/Fetteinlagerungen – vor allem in Knochennähe (wenn Knochen vorhanden sind) – beriechen und ansehen, denn hier sind die Veränderungen in der Tiefe des Fleisches besonders deutlich.

Auch während der Gefrierlagerung bei -18 Grad Celsius und darunter kann es bei monatelanger Lagerung zu Verderbserscheinungen kommen. Sie äußern sich vor allem im starken Austrocknen der Oberflächen bzw. in Gefrierbrand und Fettveränderungen. Während trockene Oberflächen und Gefrierbrandstellen abgetragen werden können, ist Fleisch mit Fettveränderungen nicht mehr zum Verzehr geeignet. Farbveränderungen (Dunklerwerden) und Aromaverlust sind Qualitätsabweichungen, aber – je nach Ausprägung – ist das Fleisch prinzipiell noch zum Verzehr geeignet. Geschieht das Auftauen bei zu hohen Temperaturen (Zimmertemperatur), verliert das Fleisch Wasser, die Oberfläche wird dadurch sehr feucht und damit das Fleisch verderbsanfälliger.

Wildbret wird im Allgemeinen geschossen. Dabei weidet der Jäger das Tier in der Regel sofort im Wald oder auf dem Feld aus. Die hygienischen Bedingungen sind damit also schon schlechter als bei Schlachtungen. Häufig sind zudem die Einschusskanäle verschmutzt und erhöhen weiterhin die Kontaminationsgefahr. Auch kann das Fleisch von geschossenem Wild nicht immer sofort gekühlt werden. Alles in allem enthält Wildfleisch deswegen oft mehr Keime und ist nicht so lange haltbar wie Fleisch von Schlachttieren. Deswegen sollte Wildbret besonders sorgfältig in seiner Frische bewertet werden. Ein süßlich strenger, intensiver Geruch bei Wildbret – auch als sogenannter »Hautgout« bezeichnet – ist nicht der erwünschte typische Wildgeruch, sondern bereits das Anzeichen für den beginnenden Verderb.

Eine bei Wildbret manchmal zu beobachtende Form des Verderbs ist die »stickige Reifung«, verursacht durch eine über längere Zeit fehlende Kühlung nach dem Erlegen. Die relativ hohe Temperatur in den dicken Fleischteilen führt zu einer überstürzt ablaufenden Reifung. Dabei bauen die Eigenenzyme des Gewebes Inhaltsstoffe des Fleisches ab, was mit einer starken Säuerung, einem unangenehm dumpfig stechenden Geruch und einer Strukturveränderung des Fleisches einhergeht. Das Fleisch sieht dann mitunter wie gekocht und unnatürlich verfärbt aus. Es ist nicht mehr zum Verzehr geeignet.

Hackfleischerzeugnisse wie Hackfleisch vom Rind oder Schwein, Schabefleisch oder »Hackepeter« zählen wegen des verbreiteten Rohverzehrs zu den Risikoprodukten. Der hohe Zerkleinerungsgrad und der beim Wolfen frei werdende Fleischsaft schaffen ideale Voraussetzungen für einen raschen Verderb. Im Einzelhandel hergestelltes Hackfleisch muss deshalb noch am selben Tag verkauft werden, und es sollte auch am selben Tag verarbeitet bzw. verzehrt sein. Es lässt sich im Haushalt ein bis zwei Tage länger halten, wenn man es bei 0 bis 1 Grad Celsius aufbewahrt.

Meistens werden abgepackte 400-Gramm- oder 500-Gramm-Packungen in Schutzgasatmosphäre im Supermarkt angeboten. Sie werden unter mikrobiologischer Kontrolle hergestellt und bei maximal +2 Grad Celsius gelagert und dürfen einige Tage länger zum Verkauf angeboten werden. Trotzdem ist auch hier Vorsicht geboten: Denn nicht immer laufen die Produktionsprozesse optimal, oder die Kühlkette wurde unterbrochen – dann verdirbt Hackfleisch innerhalb weniger Stunden. Hackfleisch muss bei ersten Anzeichen von Verderb, besonders wegen der Gefahr einer Vermehrung eventuell vorhandener pathogener Keime, konsequent entsorgt werden, vor allem, wenn Rohverzehr vorgesehen ist.

TIPP: Hackfleisch, das etwa für eine Bolognese verwendet wird, kann man sofort nach dem Einkauf anbraten, dann kühlen oder einfrieren. Es lässt sich gutportioniert hervorragend nach dem Auftauen verwenden – ohne Risiko.

Fleischerzeugnisse

Die Warenpalette der Fleischerzeugnisse ist groß; das gilt in herausragendem Maße für Mitteleuropa – nirgendwo auf der Welt gibt es diese Auswahl an Fleischerzeugnissen. In Deutschland entfallen ca. 50 Prozent des gesamten Fleischverzehrs auf Fleischerzeugnisse. Dazu zählen nach der Definition des Deutschen Lebensmittelbuches alle Erzeugnisse, die ausschließlich oder überwiegend aus Fleisch bestehen:

Kochschinken entsteht, indem das Fleisch zunächst gepökelt und anschließend gegart wird. Räuchern ist heute eher unüblich. Damit der Schinken saftig bleibt, wird er schonend bei Temperaturen von nur 60 bis 72 Grad Celsius gegart. Diese Temperaturen sind aber nicht hoch genug, um alle vegetativen Keime abzutöten. Kochschinken ist aus diesem Grund sowie wegen seines hohen Fleischsaftgehaltes leicht verderblich und muss gut gekühlt werden. An der Luft verfärben sich die rosaroten Schnittflächen schnell grau bis schwach grünlich bzw. verblassen deutlich. Das sieht zwar nicht sehr lecker aus, aber dieser ästhetische Mangel vermindert nicht die Verzehrfähigkeit des Schinkens. Die Oxidationsprodukte sind unerwünscht, aber harmlos und führen zu keiner Veränderung des Geruches oder Geschmackes. Eine ähnliche Verfärbung, die auf Fäulnis (mikrobiellen Verderb) zurückzuführen ist, schlägt sich dagegen in Geruchsabweichungen nieder und lässt sich so von der reinen Oxidation unterscheiden.

Bei verpackter Scheibenware (Vakuum oder modifizierte Atmosphäre) können sich im Laufe der Lagerung auch bei Kühlung harmlose Milchsäurebakterien vermehren, deren Stoffwechselprodukte zwar unschädlich sind, aber beim Öffnen der Packung einen leicht unangenehm muffigen, schwach säuerlichen Geruch verströmen. Er verfliegt nach wenigen Minuten vollständig und sollte kein Anlass dafür sein, das Produkt wegzuwerfen. Diese Erscheinung ist auch bei anderen erhitzten Fleischerzeugnissen in solchen Verpackungen zu beobachten. Deutlich säuerlicher Geruch und Geschmack sind allerdings Ausdruck beginnenden mikrobiellen Verderbs.

Rohe Schinken sind gepökelte, kalt geräucherte (oder luftgetrocknete) Fleischteile, die vor dem Inverkehrbringen oft lange gereift sind. Obwohl sie nicht erhitzt sind, erlangen sie durch diese Prozessschritte eine bis zu Wochen und Monate andauernde Stabilität bei einer Lagertemperatur von 8 bis 10 Grad Celsius. Beim Räuchern und Reifen trocknen sie, der Salzgehalt erhöht sich, und der pH-Wert sinkt in den sauren Bereich. Es entwickelt sich eine erwünschte Mikroflora, die Verderbskeime unterdrückt. Bei fehlerhaft hergestellter Ware kann es – in seltenen Fällen – zu Fäulnis kommen, die zuerst im Bindegewebe geruchlich wahrnehmbar ist. Auch die schon erwähnte Vergrauung kann auftreten. Beginnt sie im Zentrum, ist meist eine unzureichend lange Pökelung oder eine Pökelung mit zu geringer Salzkonzentration die Ursache. Eine sehr starke Austrocknung ist unerwünscht, jedoch im Haushalt kein Grund, das Produkt nicht mehr zu verzehren. Bei sehr langer Lagerung können Fettveränderungen auftreten (Fett wird gelb und schmeckt und riecht ranzig); diese Schinken sind dem Verbraucher nicht mehr zuzumuten. Einzelne, eventuell sich entwickelnde Schimmelpilzkolonien können großzügig abgeschnitten werden, der übrige Schinken kann ohne Weiteres verzehrt werden. Auch nach langer Lagerung auftretender Salzausschlag kann im Haushalt beschnitten werden.

Geruchsabweichungen wie streng, brenzlig, stark rauchig oder kratzend können auf ungeeignetes Räuchermaterial zurückzuführen sein und sollten je nach Ausprägungsgrad beurteilt werden.

Sehr weiche Schinken sind meist kaum gereift (kostensparend hergestellt), können aber, wenn keine weiteren Abweichungen gegeben sind, gegessen werden. Sie sind jedoch weniger lange haltbar.

Kassler: Darunter versteht man Fleischteile, die nach dem Pökeln heiß geräuchert werden, wie Kasslerkamm oder Kasslerkotelett. Das heiße Räuchern verschließt die Poren an der Fleischoberfläche, sodass das Fleisch im Innern saftig bleibt und nicht austrocknet. Das Räuchern führt nicht zum Garen des Fleisches bis ins Zentrum. Es behält also weitgehend seinen Rohfleischcharakter. Damit zählt Kassler zu den sehr leicht verderblichen Produkten und ist in seiner Haltbarkeit etwa mit frischem Fleisch gleichzusetzen.

Wurstwaren

Würste werden sehr unterschiedlich hergestellt. Deswegen müssen wir aus lebensmittelhygienischer Sicht Unterschiede zwischen den einzelnen Wurstprodukten machen. Schauen wir uns doch einmal die wichtigsten Sorten an:

Brühwurst, dazu gehören u. a. Bockwurst, Wiener Würstchen, Bierschinken, Jagdwurst, wird aus zerkleinertem Fleisch und Fett, dem Wasser, Pökelsalz und Gewürze zugesetzt werden, hergestellt. In Därme abgefüllt, wird die Wurst heiß geräuchert und dann bei 72 bis 75 Grad Celsius gebrüht. Die Erhitzung führt nicht zur Sterilisierung, sondern die Sporen der Sporenbildner überleben in der Wurst. Deren Auskeimen muss durch Kühlung unterbunden werden. Außerdem geraten nach der Herstellung der Brühwürste auch beim Verpacken, Verkauf und im Haushalt weitere Bakterien auf die Oberfläche der Wurst. Brühwurst sollte am besten unter 5 Grad Celsius gelagert werden. Dann ist sie im Allgemeinen mindestens sieben Tage haltbar. Vorverpackte Ware (heute meist unter Schutzgas) ist meist deutlich länger haltbar, besonders, wenn sie unter keimarmen Bedingungen, in sogenannten »Reinräumen«, produziert wurde. Geöffnete Packungen müssen jedoch innerhalb weniger Tage verbraucht werden.

Eine ungleichmäßige Räucherfarbe, ein Geleeabsatz, eine Faltenbildung des Darmes oder ein Vergrauen der Schnittflächen sind Beispiele für Qualitätsmängel, beeinträchtigen aber nicht die Verzehreignung der Würste. Klebrigkeit und Schmierigkeit der Oberfläche mit zuerst muffigem, später fäulnisartigem Geruch allerdings zeigen mikrobiellen Verderb an. Auch wenn Brühwürste sauer schmecken, was meist passiert, wenn sich Bakterien noch vor dem Erhitzungsprozess vermehrt hatten, dürfen sie nicht mehr gegessen werden. Wenn Brühwürste sich grün verfärben, wurden sie meist nur unzureichend erhitzt. Zwar sind die Oxidationsprodukte unschädlich, dennoch sollten Würste mit solchen Veränderungen auch nicht mehr verzehrt werden.

Kochwürste: In diese Kategorie gehören Blut-, Leber- und Sülzwürste. Wie der Name verrät, wird als Erstes die Fleischmasse gekocht. Danach kommen Blut, Innereien, Schwarten, Gewürze und Salz dazu, alles wird zerkleinert und in Därme abgefüllt. Die Würste werden auf 75 bis 80 Grad Celsius erhitzt oder manche Würste werden kalt geräuchert. In ihrer Verderbsanfälligkeit, Haltbarkeit und nötigen Kühllagerung sowie Charakteristik ihres Verderbs ähneln sie den Brühwürsten. Einzelne Sorten sind auch deutlich länger haltbar, bestimmte Blutwürste beispielsweise, die durch langes Kalträuchern relativ trocken und schnittfest werden. Würste, die nicht geräuchert wurden, sind auf der Oberfläche verderbsanfälliger; bei ihnen kann sich bereits nach kurzer Zeit im Kühlschrank eine klebrige Schmiere entwickeln, die Verderb anzeigt. Prüfen Sie sorgfältig, ob es sich nur um eine schwach ausgeprägte Schmiere handelt. Wenn dies der Fall ist, können Sie die Wursthülle entfernen und die Wurst eventuell noch verzehren.

Bei vorverpackten Brüh- und Kochwürsten empfehlen wir bei sehr langen Haltbarkeitsfristen von drei oder vier Wochen, das MHD sehr kritisch zu prüfen, wenn dieses fast abgelaufen ist. Mitunter geben Hersteller unerlaubt unrealistische MHD an, um Wettbewerbsvorteile zu erzielen. Andererseits kann es aber bei diesen Produkten durchaus auch vorkommen, dass sie nach MHD-Ablauf ohne Weiteres noch verzehrbar sind.

Rohwürste wie Salami, Katenwurst, Schlackwurst, Mettwurst, Knacker, sind unerhitzte Produkte, deren Haltbarkeit durch Abtrocknung und Reifung – ähnlich wie bei Rohschinken – erreicht wird. Rohes Fleisch und Fett werden zerkleinert, mit Pökelsalz und Gewürzen versehen, in Därme abgefüllt und kalt geräuchert. Anschließend reifen die Rohwürste bis zu zehn Wochen bei mäßig kühlen Bedingungen. »Luftgereifte« Wurst wird nicht geräuchert. Reifung heißt, dass sich Laktobazillen vermehren sollen, damit der pH-Wert der Würste sinkt. Außerdem sinkt während der Reifung der Wasser- und steigt gleichzeitig der Salzgehalt. Der Prozess verdrängt unerwünschte Verderbs- sowie pathogene Keime. Um den Reifungsvorgang zu beschleunigen und zu sichern, werden dem Reifungsprodukt Bakterien, sogenannte Starterkulturen, beigefügt.

Lang gereifte oder hart ausgereifte Wurst kann auch ungekühlt aufbewahrt werden. Wenn sie mehrere Monate halten soll, empfehlen wir die Lagerung in einem dunklen Raum bei 10 bis 15 Grad Celsius.

Weniger lange gereifte Wurst sollte bei 8 bis 14 Grad Celsius gekühlt werden. Frische Rohwurst, wie Zwiebelmettwurst oder Mett, muss dagegen im Kühlschrank unter 5 Grad Celsius gekühlt werden. Insbesondere die frische Rohwurst kann, wie bei Hackfleisch beschrieben, pathogene Keime enthalten.

Zu den Qualitätsabweichungen, die nicht gesundheitlich bedenklich sind, zählen bei Rohwurst: Faltenbildung der Därme, Trockenrand (weil zu warm geräuchert), Vergrauung am Rand (aufgrund einer zu feuchten Lagerung), Kernvergrauung bis Vergrünung, Geschmacksabweichung durch ungeeignetes Räucherholz, Auftreten vereinzelter Schimmelpilzkolonien (Entfernen durch Abschneiden).

Verdorbene Rohwürste dürfen nicht mehr verzehrt werden. Verderbserscheinungen sind: feucht-klebrige Beläge, »Bereifen« (trocken-mehlige Beläge durch Hefen), deutliche Schimmelbildung, Fäulnis, Sauerwerden, Fehlreifung (aufgrund einer nicht erfolgten Abtrocknung, pH-Wert nicht im sauren Bereich), Fettveränderungen (besonders bei zu langer Lagerung und/oder Lichteinfluss). Allerdings ist eine geringe Fettveränderung durch die lange Reifung nicht ganz vermeidbar und bei manchen Sorten aus sensorischen Gründen sogar erwünscht.

Fleischfeinkosterzeugnisse

Diese fleischhaltigen Produkte werden auf ganz unterschiedliche Weise und oft in viel Handarbeit hergestellt und sind teilweise sogar Spezialitäten. Sie erfreuen sich zunehmender Beliebtheit. Einige von ihnen werden gern bei kalten oder warmen Buffets serviert, sie sind Fingerfood oder gehören zum Angebot von Imbissrestaurants.

Bratfeinkost: Das sind panierte, gebratene oder frittierte Fleischteile wie Koteletts, Schnitzel, Chicken Wings oder Buletten. Das heiße Bratfett tötet zwar zunächst alle Keime auf der Oberfläche ab, aber im Innern überleben die Sporen der Sporenbildner, und nach dem Braten geraten wieder neue Keime an die Ware, sodass sie für eine Aufbewahrung über mehrere Tage grundsätzlich gekühlt werden muss. Wenn Buletten innerhalb weniger Stunden gegessen werden sollen, ist es kein Problem, sie so lange ohne Kühlung zu lassen. Durch den Semmelmehlzusatz wird das Wasser gebunden und damit den Keimen die Vermehrung erschwert. Wichtig ist, die Buletten tatsächlich richtig durchzugaren. Bei längerer Lagerung kann aber Schimmel entstehen, und die Buletten können auch sauer werden, weil sich die Stärke der Panade bakteriell abbaut. Sind die Buletten luftdicht verpackt, bläst das dabei entstehende Gas die Verpackung auf. Solche prall aufgeblasenen Verpackungen hat bestimmt jeder schon einmal gesehen. Sie sind ein sicheres Zeichen für das Vorliegen von Verderb.

Bei sofort zu verzehrenden Bratfeinkosterzeugnissen, wie Hamburger, Gyros, Döner Kebab, ist ein Verderb natürlich nicht möglich, es sei denn, die Zutaten waren bereits verdorben. Fastfood-Ketten wie McDonald's verfügen über ein recht perfektes Qualitätssicherungssystem, sodass die hier angebotenen Lebensmittel im Allgemeinen sehr sicher sind. Döner Kebab hat sich zum bedeutendsten Imbissangebot in Deutschland entwickelt. Obwohl der Fleischanteil, der zum Teil aus Hackfleisch besteht, hoch ist und in der Vergangenheit von Hygieneproblemen mit dem Grillspießfleisch berichtet wurde, liegen hier die Risiken in der Praxis auch bei den verwendeten Soßen und Tunken. Essen ist – speziell im Restaurantbereich – eben Vertrauenssache.

Fleischsalate: Da sie aus zerkleinerten Fleischteilen unter Zusatz verschiedenster Zutaten wie Gemüse, Zwiebeln, Mayonnaise, Gewürze bestehen, in viel Handarbeit zubereitet und nach der Herstellung nicht mehr erhitzt werden, ist ihr Keimgehalt meist sehr hoch. Deshalb zählen Fleischsalate zu den leicht verderblichen Produkten. Gekühlt sind sie in ungeöffneten Fertigpackungen, teilweise mit Konservierungsmittelzusatz, mindestens zwei bis drei Wochen haltbar. Die Mayonnaise kann sich bei häufigem Kalt-Warm-Wechsel entmischen, was sich in einem Ölabsatz zeigt – im Haushalt ist dies aber noch kein Grund, den Fleischsalat wegzuwerfen. Wenn sich aber die ungeöffneten Verpackungen aufwölben, heißt das, dass Laktobazillen, die besonders mit Gurken und Zwiebeln hineingelangen, eine Gärung verursacht haben. Oft ist der Salat dann auch sauer geworden, und die Mayonnaise ist mit Gasbläschen durchsetzt. Der Salat sollte nicht mehr verzehrt werden. Er kann auch schon verfault sein.

Pasteten: Sie werden im Prinzip wie Brüh- oder Kochwürste hergestellt, sind von besonders hoher Qualität und enthalten wertvolle Bestandteile wie Trüffel, Filet oder Pistazien. In einen Teig eingearbeitet werden sie als Krustenpasteten bezeichnet. Pasteten verderben ähnlich wie Brüh- und Kochwurst.

Eier

Dieses wertvolle Lebensmittel besitzt mit seiner Schale eine wirksame natürliche Frische-»Verpackung«. Frisch gelegte Eier sind innen in der Regel keimfrei; unmittelbar nach dem Legen finden sich auf der Schale aber relativ viele Mikroorganismen, die durch verschiedene Abwehrmechanismen der Schale zunächst am Eindringen in das Innere gehindert werden.

Salmonellen kommen immer noch sehr häufig in Legehennenbeständen vor. Bei durchschnittlich 0,1 Prozent der Eier können sie auf der Schale nachgewiesen werden. Selten gelangen sie auch in das Ei. Etwa 17 Milliarden Eier werden in Deutschland pro Jahr verbraucht. Das heißt, auf immerhin 17 Millionen Eiern sind Salmonellen! Kein Wunder, dass Eier die häufigste Quelle für Salmonelleninfektionen sind.

Je länger und je wärmer Eier gelagert werden, desto eher können Mikroorganismen, darunter auch die Salmonellen, durch die Poren der Schale eindringen. Sind sie erst einmal im Dotter angekommen, können sie sich rasant vermehren, wenn eine Kühlung unterbleibt. Leider war bisher eine Kühlpflicht unmittelbar nach dem Legen in der Europäischen Union nicht durchsetzbar. Eier müssen im Handel erst ab dem Alter von 18 Tagen gekühlt werden. So ist es also für den Verbraucher am sichersten, wenn er möglichst kurz gelagerte, das heißt frisch gelegte, Eier kauft und diese zu Hause im Kühlschrank aufbewahrt. Übrigens: Am längsten halten sich Eier bei nahe 0 Grad Celsius, aber einfrieren sollte man ganze Eier nicht; die Schale könnte platzen und das Dotter seine Konsistenz verändern. Salmonellen können auch beim Einschlagen von der Schale in das Lebensmittel gelangen; der minimale Kontakt des Eiinneren mit der Schalenoberfläche genügt. Gefährlich wird es aber erst dann, wenn den Salmonellen die Möglichkeit zu weiterer Vermehrung geboten wird. Deswegen müssen Speisen oder Zwischenprodukte mit Ei gekühlt werden, wenn sie nicht sofort verbraucht, verarbeitet oder erhitzt werden.

Salmonellen können immer auf der Schale sein. Waschen Sie, nachdem Sie Eier berührt haben, immer gründlich die Hände; damit beugen Sie einer Übertragung auf andere Gegenstände in der Küche vor. Das Ausblasen von Eiern mit dem Mund an Ostern ist auch keine wirklich gute Idee. Und leider riskieren Sie bei doch so leckeren Speisen wie Tiramisu, Eierschnee auf Kuchen, selbsthergestellter Mayonnaise (die industriell produzierte Mayonnaise wird mit pasteurisiertem Eigelb hergestellt), französischer Creme in Backwaren oder Tartar immer eine Salmonellenvergiftung, wenn diese Produkte mit rohen Eiern hergestellt worden sind.

Was die meisten wahrscheinlich nicht wissen: Sogar in weichgekochten Eiern oder Spiegeleiern mit noch flüssigem Eigelb können Salmonellen überleben!

Für Eier ist ein MHD von 28 Tagen gesetzlich festgelegt. Bis zum 21. Tag dürfen Eier noch im Handel verkauft werden. Der Verbraucher kann durch Subtraktion von 28 Tagen von dem deklarierten MHD das Legedatum ermitteln; je kürzer es zurückliegt, desto frischer ist natürlich das Ei. Im Allgemeinen sind Eier auch noch etliche Tage nach MHD-Ablauf im Haushalt verwendungsfähig. Man kann sie dann aber nur noch für erhitzte Speisen verwenden. Da der Frischegrad nicht nur vom Alter des Eies, sondern besonders auch von den Lagerungsbedingungen abhängt, sollte man sich nicht allein am MHD orientieren, sondern selber der aktuellen Frische auf die Spur gehen.

Im Lauf der Lagerung reduziert sich natürlich der Frischegrad. Woran genau erkennt man nun, dass ein Ei nicht mehr frisch ist?

Am bekanntesten ist dieser Frischetest für Eier: Legen Sie ein Ei ins Wasser. Richtet es sich mit einem Pol nach oben auf, dann bedeutet das, dass es im Inneren bereits an Feuchtigkeit und damit Frische verloren hat und zunehmend Luft ins Ei gelangt ist.

Schüttelprobe: Schütteln Sie das Ei vorsichtig. Wenn Sie ein Glucksen aus dem Inneren hören, dann hat sich das Eiweiß durch die Eigenenzyme bereits zu zersetzen begonnen und ist dünnflüssig geworden. Werden ältere Eier aufgeschlagen, zerläuft das Eiweiß sehr breit; die bei frischen Eiern vorhandenen zwei Eiweißschichten sind nicht mehr erkennbar.

Bei einem älteren Ei ist die Dotterkugel nicht mehr rund und fest, sondern sie ist flach geworden und reißt häufig schon, wenn das Ei aufgeschlagen wird. Da das Eiweiß sich schon zu zersetzen begonnen hat und deswegen dünnflüssig ist, kann sich die Dotterkugel nicht mehr zentral im Ei halten, sondern klebt oft an der Eierschaleninnenseite fest.

Der Geruch und Geschmack von einem älteren Ei hat sich verändert, die Eier werden leicht muffig, man nennt das auch »Altgeruch«. Frische Eier hingegen sind fast geruchsneutral. Da sich aber Geruch und Geschmack zunächst ohne die Zersetzungsarbeit von Mikroorganismen verändern, können sie noch in Speisen, die erhitzt werden, weiterverarbeitet werden. Natürlich nur, solange diese Veränderungen nicht zu intensiv sind.

Wann sind Eier verdorben und dürfen nicht mehr verzehrt werden? In erster Linie, wenn sie durch die Zersetzungsarbeit von Mikroorganismen faulig geworden sind. Sie riechen dann sehr unangenehm und haben teilweise oder ganz ihre Struktur verloren. Je nach Bakterienart wird von Weiß-, Rot-, Grün- oder Schwarzfäule gesprochen.

Eier mit Schalendefekten, wie Sprüngen oder Knicken, sollten umgehend verbraucht werden. Solche Eier verderben rascher. Prüfen Sie beschädigte Eier deshalb besonders kritisch, bevor Sie sie verwenden.

Eier mit kleinen roten Flecken im Ei, meist auf dem Eigelb (»Blutflecke«), können uneingeschränkt verbraucht werden.

Bei der Lagerung ist zu beachten, dass Eier schnell Fremdgerüche, vor allem von Fisch, Zitronen, Apfelsinen oder frischen Farben, annehmen. Lagern Sie Eier also getrennt.

Die Dotterfarbe, ob kräftig gelborange oder blass, gibt keine Auskunft über den Frischegrad oder den Geschmack, da sie vor allem von den im Futter vorhandenen Farbstoffen bestimmt wird.

Hartgekochte Eier mit intakter Schale können bei 5 Grad Celsius bis zu mehreren Wochen aufbewahrt werden. Ungekühlt sollte man sie nicht länger als ein bis zwei Tage lagern. Die ungekühlt im Handel angebotenen gefärbten, hartgekochten Ostereier sind oft mit sehr, nicht selten zu langen Haltbarkeitsfristen versehen. Wenn sie sich auch tatsächlich länger halten, weil durch die Farbe die Poren der Schale verschlossen werden, so ist doch anzuraten, sie zu kühlen und vor Ende des MHD zu verbrauchen; hartgekochte Eier mit Schalenschäden werden rasch mikrobiell besiedelt und verderben.

Fisch

Fisch gehört zu den empfindlichsten Lebensmitteln. Die Gründe dafür: Fisch enthält sehr viel Wasser, besitzt wenig Bindegewebe und eine dünne Haut. Deswegen geht es beim Fisch immer um Eines: Frisch halten! Fisch wird, sofern er nicht gefroren wird, vom Fang bis zum Verbraucher bei 0 Grad Celsius auf Eis mit Trinkwasserqualität gelagert, wobei er komplett von Eisstücken umgeben sein muss. Der Transport nach Hause sollte sehr kurz sein und die Kühlkette nicht unterbrochen werden. Im Haushalt hält sich frischer Fisch bei 5 Grad Celsius etwa einen Tag, bei 0 bis 1 Grad Celsius zwei bis drei Tage.

Ganze Fische werden heute nur noch in ausgenommenem Zustand abgegeben. Frischemerkmale sind: klare, vorgewölbte Augen, schwarze, glänzende Pupillen; Kiemenblätter unter den Kiemendeckeln feucht glänzend, hellrot; das Fischfleisch muss relativ fest sein, nach dem Eindrücken mit dem Finger wölbt sich die Druckstelle wieder vor (Elastizität); der Geruch muss neutral sein, Seefisch darf etwas nach frischem Seetang bis schwach fischig riechen; die Pigmentierung der glänzenden Haut ist gut erhalten; die Schuppen sind noch weitgehend vorhanden.

Die Alterung von Fisch bis zum beginnenden Verderb zeigt sich durch folgende Merkmale: Der Geruch wird deutlich fischig, streng, unangenehm und schließlich tranig-faulig; diese Veränderungen beginnen an den sehr empfindlichen Kiemenblättern. Daher stammt der Spruch »Der Fisch beginnt am Kopf zu stinken«. Seine Konsistenz wird weich, denn die Elastizität geht verloren, an den Bauchdecken wird er sogar extrem weich, man spricht von »Bauchweichheit«. Dazu kommt es in der Regel, wenn der Fisch zu spät ausgenommen wurde; seine Augen sind eingefallen und getrübt; die Kiemenblätter werden schleimig-klebrig und graubraun; die Hautpigmentierung verblasst; die Schuppen fallen heraus.

Die Entscheidung, ob ein Fisch bereits verdorben oder noch verzehrfähig ist, hängt vom Grad der geschilderten Veränderungen ab. Ein nachlassender Frischegrad ist noch kein Grund, ihn zu entsorgen, aber zu dieser Entscheidung gehört eine gewisse Erfahrung; ist sie nicht vorhanden, sollte man vorsichtshalber auf den Fisch verzichten. Denn beim mikrobiellen Verderb können Gifte entstehen – wir hatten bereits die Gefährlichkeit des Histamins erläutert –, die auch durch Erhitzen nicht inaktiviert werden.

Nicht uninteressant ist, dass Fische aufgrund ihrer Artenvielfalt oft ganz unterschiedlich in Geschmack und Farbe sind. So ist es normal, dass ältere Karpfen oft schwach schlammig-muffig oder Haifisch und Rochen etwas streng nach Ammoniak schmecken – das kann daher auch nicht beanstandet werden; Hornhecht und Seehase haben meist grüne Gräten.

189

Das Fleisch frischer Fische sollte nie roh verzehrt werden, weil sich in ihnen Parasiten und unerwünschte Mikroorganismen tummeln können, die beim Menschen zu ernsthaften Erkrankungen führen. Die für Sushi u. a. Rohfischzubereitungen verwendeten Fische müssen deshalb gemäß den in der Europäischen Union geltenden Vorschriften zuvor gefroren gewesen sein; dabei werden die Parasiten abgetötet.

Gefrierfisch: Weltweit nimmt Gefrierfisch den höchsten Anteil am Fischverbrauch ein. Jede Fischart kann gefroren werden. Wichtig zur Qualitätserhaltung ist ein schnelles Einfrieren bei -30 Grad Celsius oder noch kälter. Bei -18 Grad Celsius kann der Fisch dann drei bis sechs Monate ohne Qualitätsverlust gelagert werden. Die Lagerungsdauer hängt davon ab, wie gut der Fisch vor Austrocknung geschützt ist, sowie vom Fettgehalt. »Fettfische« wie Hering oder Heilbutt sind kürzer lagerungsfähig als andere Fische, weil sie viel Fett enthalten, das sich durch den natürlichen Abbauprozess zu zersetzen beginnt. Bei Fettveränderungen wie Vertranung, Gelb- oder Süßwerden ist der Fisch nicht mehr genießbar.

Austrocknungserscheinungen zeigen besonders »Magerfische« wie Kabeljau oder Seelachs. Gefrorene Filets werden zunächst an den Außenkanten trocken. Die Veränderungen sind nicht gesundheitsschädlich, teilweise lassen sie sich auch durch Abschneiden entfernen.

Da Fisch durch Auftauen Wasser verliert, sollte er nicht noch einmal eingefroren werden, da er bei nochmaligem Auftauen regelrecht strohig werden würde. Aber auch, wenn Fisch zu langsam oder zu rasch aufgetaut wird, verliert er stark Wasser. Tauen Sie Fisch deshalb im Kühlschrank schonend auf. Wenn Fische vor dem Einfrieren zu lange ungekühlt gelagert worden sind, dann werden Sie ihn nicht mehr essen wollen. Die Muskelenzyme haben das Fischfleisch bereits erweicht, und nach dem Auftauen präsentiert sich Ihnen dann eine breiige Masse. Dies ist zwar gesundheitlich unbedenklich, aber qualitativ eben meist nicht mehr akzeptabel.

Fischerzeugnisse gibt es in den unterschiedlichsten Verarbeitungen, deshalb nennen wir hier die wichtigsten:

Salzfisch

Kochsalz gibt dem Fisch nicht nur den erwünschten Geschmack, sondern konserviert das Produkt. Je nach Salzgehalt variiert die Haltbarkeit:

- Milde Salzung: Das Fischfleisch besitzt einen Salzanteil von bis zu 10 Prozent. Bei 2 Grad Celsius gekühlt, ist er so vier Monate haltbar.
- Mittlere Salzung: Das Fischfleisch hat einen Salzgehalt von 10 bis 14 Prozent. Es ist, bei nur 10 Grad Celsius gekühlt, dann auch vier Monate haltbar.
- Harte Salzung: Liegt der Salzgehalt im Fisch bei über 14 Prozent, ist der Fisch, bei 10 Grad Celsius gelagert, zehn Monate verzehrbar.

Die beliebten Matjesheringe gehören mit einem Salzgehalt unter 10 Prozent zu den mild gesalzenen Fischen. Es sind junge Heringe mit einem Fettgehalt von mindestens 12 Prozent, die mehrere Monate bei einer Temperatur von unter 0 Grad Celsius reifen. Holländische Matjes haben Salzgehalte von weniger als 5 Prozent. Matjesheringe sind leicht verderblich und im Kühlschrank bei einer Temperatur von unter 5 Grad Celsius nur wenige Tage haltbar. Die Gefahr, dass sie verfaulen, ist groß. In Öl aufbewahrt verlängert sich ihre Haltbarkeit.

Dass die Haltbarkeit eines Salzfisches abläuft, erkennen Sie gut daran, dass sich das Fett verändert. Es wird tranig. Allerdings dürfte uns das im Haushalt eher selten passieren, da wir Salzfische normalerweise ja nicht wochenlang aufheben.

Hart gesalzene Magerfische werden zur Herstellung von Lachsersatz, wie Seelachs in Scheiben oder Seelachsschnitzel, rot gefärbt. Den mikrobiellen Verderb dieser Ware erkennen Sie leicht daran, dass sich das Fischfleisch entfärbt.

Kaviar

Ein relativ teures Fischerzeugnis ist der gesalzene Rogen verschiedener Fischarten. Er wird pasteurisiert oder auch unpasteurisiert in Fässern, Gläsern oder Dosen vertrieben. Man unterscheidet echten Kaviar verschiedener Störarten vom Kaviar anderer Fischarten wie Lachs oder Forelle. Es gibt auch den Deutschen Kaviar, der aus verschiedenen Fischarten hergestellt wird und gefärbt ist. Je weniger Salz verwendet wird, desto besser schmeckt Kaviar, aber umso leichter verdirbt er auch. Dem Deutschen Kaviar werden zur Stabilisierung Konservierungsstoffe zugesetzt. Das ist wirklich nötig, da Kaviar bei der Herstellung mit Keimen kontaminiert wird. Ebenso zwingend ist deswegen eine konsequente Kühlung, weil sich die Keime sonst rasch vermehren und den Kaviar klebrig werden lassen und entfärben. Das geschieht sowohl beim echten wie beim Deutschen Kaviar. Der Kaviar verliert dann seine Struktur, verändert sich im Geruch und fault. Ein nachlassender Turgor der Fischeier (das heißt, sie werden weicher und sind nicht mehr prall gefüllt) bedeutet zwar einen Qualitätsverlust, muss aber noch nicht unbedingt Verderb anzeigen. Bei sehr langer Lagerung vertrant der fettreiche Kaviar, da sich die Fette abbauen.

Räucherfisch

Er kann durch Kalträuchern oder Heißräuchern erzeugt werden. Bei kalt geräucherter Ware bleibt das Fischfleisch weitgehend roh und muss deswegen unbedingt gut gekühlt werden, am besten bei 2 Grad Celsius. Aber auch dann ist der nur mild gesalzene Räucherfisch lediglich wenige Tage haltbar. Der verbreitetste kalt geräucherte Fisch ist der Räucherlachs. Wenn Lachs zu verderben beginnt, äußert sich das zunächst darin, dass er seine Struktur verliert und sein Fleisch zunehmend weich wird. Die Scheiben lassen sich kaum noch voneinander lösen. Das ehemals typisch rot-orange-farbene Fleisch entfärbt sich ungleichmäßig. Verzehren Sie den Fisch bei Verdacht auf Verderb vorsichtshalber nicht mehr!

Heiß geräucherte Fische erreichen im Innern 60 Grad Celsius, was zu einer vollständigen Garung führt. Nicht ausreichend erhitzter Räucherfisch ist extrem verderbsgefährdet und soll nicht verzehrt werden. Wenn der Fisch, insbesondere im Inneren, noch glasig und nicht leicht zerteilbar ist, wurde er nicht ausreichend heiß oder nicht lang genug geräuchert. Garen Fisch erkennen Sie gut daran, dass die Mittelgräte leicht vom Fischfleisch zu lösen ist. Auch heiß geräucherter Fisch soll im Kühlschrank nur zwei bis vier Tage aufbewahrt werden, da er im Innern nicht steril ist und noch relativ viel Wasser enthält. Sollten Sie zu viel Räucherfisch eingekauft haben, können Sie ihn auch ohne Weiteres einfrieren.

Fischmarinaden

Die Produkte sind zum Beispiel Rollmops, Bismarckhering und Kronsardinen. Dafür werden Heringe über mehrere Wochen mit Kochsalz und Essig im »Garbad« belassen. Der Fisch wird nicht erhitzt. In die Gläser oder Dosen kommt dazu noch eine Lake aus Salz, Essig, Gewürzen, Zwiebeln und sauren Gurken. Der saure pH-Wert verhindert die Vermehrung unerwünschter Verderbs- bzw. pathogener Keime. Dennoch muss die Ware gekühlt werden, um die Ausbreitung der meist in großer Zahl vorhandenen säureliebenden Laktobazillen zu hemmen. Auf diese Weise lassen sich die Fischmarinaden über etliche Wochen halten.

Fischmarinaden, die nach dem Abfüllen kurzzeitig bei ca. 90 Grad Celsius pasteurisiert wurden, sind auch ohne Kühlung haltbar, da durch die hohe Temperatur die Laktobazillen abgetötet worden sind.

Wenn sich Laktobazillen aber vermehren, vergärt das Fleisch, und es entwickeln sich Gase, die den Deckel wölben. Die Gasbläschen kann man im Glas sehen. Der Fisch bekommt einen unangenehm stechend sauren Geschmack, während das Fischfleisch weich wird und schließlich zerfällt.

Wenn Sie eine gelbbraune Fettschicht auf der Flüssigkeitsoberfläche erkennen, dann bedeutet das, dass der Fisch überlagert – in dem Fall vertrant – ist. Sie werden auch einen veränderten Geruch und Geschmack feststellen.

Krebse

Krebse müssen wegen ihrer leichten Verderblichkeit entweder lebend, gekocht oder gefroren gehandelt werden. Verendete oder lebensschwache Krebse gelten als verdorben. Die Krebsschwänze sollen nach dem Kochen leicht gekrümmt sein. Sind sie gestreckt, besteht der Verdacht, dass tote Krebse gekocht wurden. Nach dem Kochen ist das Krebsfleisch weiß und relativ fest. Der Krebspanzer färbt sich rot. Wenn er nach dem Kochen etwa bei Garnelen entfernt, also »gepult« wird, sind auf der Krebsfleischoberfläche immer noch Spuren der roten Farbe. Insbesondere gepulte Krebse werden durch das Pulen mit Mikroorganismen kontaminiert. Sie sollten deswegen gut gekühlt und im Haushalt rasch verbraucht werden. Vor allem gepulte Krebse verderben sehr schnell.

Surimi ist ein beliebtes Krebsfleischimitat, das aus Fischmuskulatur und verschiedenen Zutaten wie Zucker, Salz und Aromastoffen besteht und so geformt wird, dass es nahezu die Konsistenz gekochter Krebse erreicht. Wegen des hohen Nährstoffgehaltes ist Surimi ein guter Nährboden für Bakterien, es ist leicht verderblich und muss gekühlt aufbewahrt werden.

Muscheln

Ähnlich wie Krebse müssen sie lebend, gekocht oder gefroren abgegeben werden. Gekochte Muscheln werden auch geschält angeboten. Wer lebende Muscheln kauft, sollte beachten, dass sie sauber gewaschen und die Schalen intakt sind. Sie sollen geschlossen sein. Offene Muscheln können bereits abgestorben sein. Dies lässt sich mit der Klopfprobe prüfen: Lebende Muscheln schließen sich in der Regel, wenn man auf die Schale klopft. Es müssen sich mindestens 90 Prozent der geprüften Muscheln schließen. Bleiben sie offen, dann sortieren Sie diese aus. Im Innern der Muscheln soll kein Sand sein. Nach der Ernte kommen Muscheln zunächst in spezielle Reinigungszentren mit sauberem Meerwasser, das Sand und Bakterien ausspülen soll. Miesmuscheln, die wir in Europa oft essen, werden meist in Plastikbehältern mit Salzwasser verkauft. Sie müssen durchgehend gekühlt werden und halten sich nur wenige Tage. Abgestorbene Muscheln können auch trotz Kühlung sehr schnell faulen; faulende oder verfaulte Muscheln stinken wirklich deutlich.

Muscheln dürfen heute nur aus zugelassenen und überwachten Erzeugungsgebieten stammen, da mit Muschelvergiftungen nicht zu scherzen ist.

Milch

Der Begriff Milch bezieht sich immer auf Kuhmilch. Milch anderer Tierarten muss entsprechend kenntlich gemacht werden.

Milch lässt sich nicht steril gewinnen. Im Zitzenkanal des Euters befinden sich stets einige Keime. Auch Keime, die nach dem Melken in die Milche gelangen, etwa von Staub, Fellschuppen, angetrocknetem Kot, sind unvermeidbar. Durch Zentrifugieren wird die Milch von milchfremden Bestandteilen gereinigt, und der Keimgehalt wird durch Erhitzen – außer bei Rohmilch – reduziert.

An den Verbraucher können abgegeben werden: Rohmilch, Vollmilch (mindestens 3,5 Prozent Fett), fettarme Milch (1,5 bis

1,8 Prozent Fett) und Magermilch (maximal 0,5 Prozent Fett). Die als sogenannte »Milch ab Hof« verkaufte Rohmilch ist nicht zum Rohverzehr gedacht, sondern muss zu Hause abgekocht werden. Für den Rohverzehr ist hingegen die »Vorzugsmilch« vorgesehen, die unter besonders kontrollierten Bedingungen gewonnen wird. Dennoch sollte jedem Verbraucher klar sein, dass der Genuss roher Milch bzw. von Produkten, die aus roher Milch hergestellt sind, stets das Risiko einer Lebensmittelinfektion birgt.

Thermisch behandelte Milch wird heute in Deutschland in hoher Qualität produziert. Dennoch ist Milch ein leicht verderbliches Produkt, das permanent gekühlt werden muss. Eine Ausnahme bilden noch ungeöffnete Packungen von ultrahocherhitzter H-Milch und steriler Milch.

Folgende Haltbarkeitszeiten sind gegeben: Vorzugsmilch zwei bis drei Tage; Frischmilch ungeöffnet sechs bis zehn Tage, geöffnet zwei bis vier Tage; ESL-Milch, das ist durch starke Erhitzung länger haltbare Frischmilch, ungeöffnet drei Wochen, geöffnet zwei bis vier Tage; H-Milch ungeöffnet mindestens sechs bis zehn Wochen ohne Kühlung, geöffnet und gekühlt zwei bis vier Tage. Wichtig ist also: Geöffnete Milch kann bereits viele Tage oder gar Wochen vor dem MHD verderben – hier ist eine sensorische Prüfung (Geruch, Aussehen) angebracht.

Frischmilch und Rohmilch verderben, weil sich in ihnen säurebildende Bakterien vermehren. Die Milch wird in Geruch und Geschmack immer saurer. Milcheiweiße werden ausgefällt, die Milch wird »dick«. Als unsere Großeltern oder Urgroßeltern noch keine Kühlschränke hatten, haben sie dicke Milch zu Quark verarbeitet. Aus hygienischen Gründen sollte man die verdorbene Milch aber entsorgen.

In H-Milch und Sterilmilch sind die Säurebildner abgetötet,

sodass der Verderb nicht durch Säuerung erkennbar wird. In geöffnete Packungen können aber unterschiedliche Keime eindringen, welche die Eiweiße der Milch zersetzen. Dann wird die Milch flockig, klumpig, unansehnlich und beginnt, schwach bis intensiv bitter, dumpfig und faulig zu riechen.

Sie sollten geöffnete Packungen so gut es geht verschließen und die Milch nicht in der Nähe von geruchsintensiven Lebensmitteln lagern. Sie würde sich sonst in Geruch und Geschmack verändern.

Milcherzeugnisse

Milcherzeugnisse haben ein sehr breites Spektrum. Sie werden auf unterschiedlichste Weise hergestellt und besitzen ganz verschiedene Eigenschaften. Zu den Milchprodukten gehören Sauermilcherzeugnisse, Joghurt, Kefir, Milchmischerzeugnisse, Buttermilcherzeugnisse, Sahne, Butter, Käse, Speiseeis auf Milchbasis, Kondensmilch, Milchpulver u. a. Allein schon zwischen den einzelnen Käsesorten wie Frisch-, Weich-, Schnitt- oder Hartkäse gibt es riesige Unterschiede. Deshalb wollen wir uns auf die richtige Lagerung und die Veränderungsprozesse der wichtigsten Produkte konzentrieren.

Produkte wie Joghurt, Buttermilch oder Kefir enthalten erwünschte lebende Mikroorganismenkulturen. Wenn sich bei den Verpackungen der Deckel leicht aufwölbt, heißt das, dass sich bereits Gase gebildet haben, aber die Produkte müssen allein deswegen noch nicht weggeworfen werden. Wenn sich jedoch Schimmel oder Hefen gebildet haben, gehört der Inhalt in den Müll. Diese säurestabilisierten Erzeugnisse sind bei guter Küh-

lung oft auch über das MHD hinaus zum Verzehr geeignet. Anzeichen von Verderb können bei Sauermilcherzeugnissen sein:
Molkeabsatz, Grießigkeit, Bildung von Klumpen und Gärblasen,
der Geruch ist muffig, gärig, bitter, hefig oder fremdsauer. Auf der
Oberfläche gewachsene Hefen sind oft auch weiß wie Milch, sie
lassen sich aber von Milch unterscheiden, weil ihre Oberfläche
nicht glänzend, sondern stumpf erscheint und meist hefig riecht.

Die bei der Herstellung von Weichkäse wie Camembert oder
Brie verwendeten Schimmelpilze sind geprüft und erwünscht.
Fremdschimmel hingegen ist immer bedenklich. Sie können
ihn – sofern er nicht verbreitet auftritt – bei festen Produkten
wie Schnitt- oder Hartkäse mit dem Messer abtragen. Gereifter
Weichkäse und Frischkäse, also Quark, sind besonders leicht verderblich; sie gehören in den Kühlschrank. Hier können pathogene Keime gut überleben bzw. sich bei ausbleibender Kühlung
vermehren. Bei aus Rohmilch hergestellten Erzeugnissen erhöht
sich dieses Risiko.

Überlagerte Butter kann einen öligen, seifigen, ranzigen Fremdgeruch und -geschmack entwickeln und in der Konsistenz bröcklig oder schmierig-salbig werden. Wenn Sie die Packung öffnen und
nicht den typischen frischen Butterduft, sondern stattdessen einen Altgeruch wahrnehmen, dann ist die Butter nicht mehr frisch.
Sie können sie aber noch ohne Bedenken zum Braten oder Backen
verwenden.

Zu lange aufbewahrten Schnittkäse erkennen Sie an folgen-
dem Geschmack oder Geruch: säuerlich, fade, muffig, ranzig, hefig, salzscharf, wenig aromatisch. Im Innern kann er zäh, ledrig,
dunkel, bröcklig, trocken erscheinen. Da sich auf Käse trotz kühler Lagerung Listerien vermehren können, sollte die Rinde lang
gelagerter harter Käse nicht mitverzehrt werden.

Allgemein gültige Angaben über die Haltbarkeit der Milcherzeugnisgruppen sind wegen der Verschiedenheit der Produkte nicht möglich. Halten Sie sich strikt an die Temperaturhinweise.

Gemüse, Keimlinge, Speisepilze

Je nachdem, welche Pflanzenteile wir von einem Gemüse essen, sprechen wir von Wurzel-, Blatt-, Kohl-, Zwiebel- und Fruchtgemüse, wie Gurken und Tomaten. Auch Sprossen zählen zum Gemüse, sie werden aus gekeimten Samen gezogen. Bei frischem Gemüse laufen im Gewebe noch Stoffwechselvorgänge ab. Am besten halten Sie Gemüse bei Temperaturen kurz über dem Gefrierpunkt frisch; ca. 5 Grad Celsius sind im Kühlschrank auch in Ordnung. Die Kühlung hemmt die Vermehrung der Mikroorganismen, von denen Gemüse natürlicherweise stark auf der Oberfläche besiedelt ist. Wenn Sie einen Kühlschrank haben, in dem Sie die Luftfeuchte regulieren können, dann ist für Gemüse eine hohe relative Luftfeuchte, also 90 bis 95 Prozent, am besten. Spargel, feucht eingewickelt, hält sich bei 5 Grad Celsius ohne deutliche Qualitätsverluste zwei bis drei Tage. Einige Gemüse wie Gurken, Tomaten oder Auberginen sollten bei höheren Temperaturen aufbewahrt werden, etwa bei 7 bis 14 Grad Celsius, um Aromaverluste und Strukturschäden (Weichwerden, Wässrigwerden) zu vermeiden. Wenn Sie das Gemüse bald essen wollen, dann können Sie die meisten frischen Gemüse für kurze Zeit auch bei Zimmertemperatur aufbewahren.

Gemüse verfügen über tolle Schutzmechanismen, die verhindern, dass sich Mikroorganismen ausbreiten. Bei einer unversehrten Oberfläche bleibt frisches Gemüse im Innern zunächst weit gehend steril. Gemüse, das sichtbar krank ist, sollte bereits bei der Ernte oder im Handel aussortiert werden. Häufig verdirbt Gemüse durch Weich- oder Nassfäule; Bakterien verursachen diese feuchten, breiig-schmierigen Veränderungen und den abweichenden Geruch. Wenn nur einzelne Stellen geringfügig befallen sind, können Sie diese herausschneiden und das Gemüse weiterverwenden. Prüfen Sie aber vorher, ob nicht schon das ganze Gemüse faulig riecht. Dann natürlich weg damit. Wenn Sie bei Salat rote Stellen entdecken, haben auch hier Bakterien schon ihre Zersetzungsarbeit begonnen. Sind es wenige Stellen auf wenigen Blättern, dann genügt es, wenn Sie diese Blätter einfach abtrennen. Den Rest des Salatkopfes können Sie noch essen.

Natürlich sind auch bei Gemüse Schimmelpilze ein großes Thema. Die führen zur Fäulnis in verschiedenen Variationen:

- Rhizopus-Nassfäule – nassfaule Erweichungen, watteartig, spinnwebartiger Pilzbelag,
- Graufäule – grauer, stumpfer Belag,
- Braun- oder Weißfäule – diese hellen Gespinste erweichen das Gemüse und kommen oft bei gelagerter Ware wie Rüben oder Mohrrüben vor,
- Schwarzfäule – graue bis schwarze Verpilzung, typisch bei Tomaten oder Paprika.

Bei Angeschimmeltem raten wir unbedingt zu Vorsicht, da Schimmel Gifte produziert. Deshalb das Gemüse am besten entsorgen.

Die Veränderung von länger gelagertem Gemüse durch Mikroorganismen ist jedoch eher selten. Viel eher wird Gemüse trocken und welk und verliert seine Festigkeit. Aber auch, wenn es nicht mehr knackig ist, kann es weiterverwendet werden.

Rohe Mischsalate, die Sie in bereits zerkleinerter Form und verpackt kaufen, können sehr keimbelastet sein. Durch das Schneiden kommen Keime auf das Gemüse und werden durch den austretenden Pflanzensaft im ganzen Salat verteilt und gut mit Nährstoffen versorgt. Handelsfertige Salate sind gekühlt nicht länger als sechs Tage haltbar. Wenn Sie einen Salat mit möglichst wenig unerwünschten Mikroben essen wollen, dann bereiten Sie ihn sich lieber selbst vor und essen ihn auch gleich.

Gemüse kann außer durch Verderbskeime auch über die Luft, den Regen, Abwässer, Insekten, Naturdünger oder Menschen mit pathogenen Keimen kontaminiert sein. Wir sparen uns hier, auf die vielen Fälle von Lebensmittelinfektionen dieser Art einzugehen. Waschen Sie Salate, wenn Sie sie roh essen wollen, wirklich unbedingt gründlich.

Keimlinge werden traditionell vor allem in Asien gegessen, aber auch in Europa sind sie inzwischen sehr beliebt geworden. Meist sind sie Bestandteile von Rohkostsalaten. Die Sprossen wachsen in mehreren Tagen unter Temperatur- und Luftfeuchtebedingungen heran, die auch für Mikroorganismen optimal sind. Es ist deshalb mit hohen Keimgehalten und vor allem auch mit pathogenen Darmkeimen zu rechnen. Im Jahr 2011 kam es in Deutschland zu einem spektakulären Lebensmittelinfektionsausbruch mit 50 Todesfällen. Als Ursache stellte sich Bockshornkleesamen aus Ägypten heraus, der als Vektor für pathogene Escherichia-coli-Keime (EHEC) diente (siehe S. 55).

Keimlinge sind auch bei einer geschlossenen Kühlkette, das heißt möglichst unter 6 Grad Celsius, nur wenige Tage haltbar. Auch wenn Sie noch keinerlei Verderbsspuren erkennen können, sollten Sie Keimlinge nach MHD-Ablauf vorsichtshalber nicht mehr roh verzehren.

Samen dürfen nicht zu feucht gelagert werden, ansonsten schimmeln sie rasch. Werfen Sie dann die gesamte Packung weg.

Speisepilze werden in Kulturspeisepilze (gezüchtet und geerntet) und Wildspeisepilze (gesammelt) unterteilt. Sie sollen sauber, unbeschädigt, ohne Insektenlarvenbefall und Fraßstellen gehandelt sowie luftig mit einer maximalen Schichthöhe von zehn Zentimetern zur Vermeidung von Druckstellen gelagert werden. Die Verpackungsfolie muss luftdurchlässig sein, damit die Pilze atmen können. Feucht geerntete Pilze sind kürzer lagerfähig. Ideal ist eine geschlossene Kühlkette bei etwa 4 Grad Celsius. Bei Wildpilzen, die in warmen Geschäften oder ungekühlt im Freien angeboten werden, sollten Sie sehr kritisch sein. Pilze können nicht wie manche Obstsorten lang gelagert werden. Beispielsweise sind Zuchtchampignons bei Kühlung ca. vier bis acht Tage, nass geerntet nur drei bis sechs Tage lagerfähig.

Auf Speisepilzen tummeln sich immer reichlich Mikroorganismen. So wie auf allen bodennahen Pflanzen im Wald und auf Wiesen landet auch auf Wildpilzen der Kot der Wald- und Wiesentiere mit ihrem ganzen Mikrokosmos an Bakterien und Krankheitserregern. Waldpilze sollten deswegen generell nur erhitzt verzehrt werden.

Wenn Bakterien die Pilze verderben, riechen die Pilze intensiv faulig. Pilze können auch verschimmeln. Sie verfärben und verformen sich dann atypisch und werden glasig-feucht. Wir empfehlen, Pilze, die nicht mehr absolut frisch sind, nicht mehr zu essen. Das Risiko, durch überlagerte Pilze Durchfall zu bekommen, ist sehr hoch.

Falls Sie sich nicht ganz sicher sind, ob es sich bei den Pilzen tatsächlich um essbare Pilze handelt, dann können Sie einen der vielen regionalen Pilzsachverständigen konsultieren (zu finden unter www.dgfm-ev.de). Wenn das nicht geht, verzichten Sie auf die Pilze. Generell ist zwar der Anbieter dafür verantwortlich, dass keine Giftpilze angeboten werden. Aber letztlich trägt ja jeder die Verantwortung für sich und seine Familie selbst.

Spezialfall Kartoffel – bloß nicht in den Kühlschrank!

Die Lieblingsknolle der Deutschen stammt ursprünglich aus den Anden und kam erst im 16. Jahrhundert nach Europa. In Deutschland pflanzte der Arzt und Botaniker Carolus Clusius die ersten Kartoffeln unter der ursprünglichen Bezeichnung »Batate«. Die Kartoffel ist ja die Wachstumsknolle der Pflanze und befindet sich eigentlich in einer Ruhephase, wenn der Bauer sie erntet. Erst Licht und Wärme regen das Aussprossen an.

Unsachgemäße Lagerung und Verarbeitung bewirken bei Nachtschattengewächsen wie der Kartoffel die Entstehung von Giften. Unreife oder gekeimte Knollen und solche, die durch Lichteinwirkung grüne Stellen bildeten, enthalten Solanin. Ebenso sind alle grünen Teile der Pflanze und besonders der Kartoffelsamen solaninhaltig – der Samen ist sogar hochgiftig! Der Giftstoff befindet sich bei der Knolle hauptsächlich unter der Schale, in der Nähe der sogenannten Augen der Kartoffel und in den ergrünten Keimansätzen. Die sollten Sie also unbedingt entfernen. Gänzlich grüne Kartoffeln und mehrfach ausgekeimte Kartoffeln sind ungenießbar. Aber Sie können sie im Garten oder in einen speziellen Sack mit Erde aussetzen und wenige Monate später frische, eigene Kartoffeln ernten.

Zum Vergleich: Sachgerecht gelagerte Knollen enthalten weniger als fünf bis sieben Milligramm Solanin pro 100 Gramm. An der

Oberfläche ergrünte Kartoffeln haben eine Solaninkonzentration von 35 Milligramm/100 Gramm. Da schon eine Dosis von 25 Milligramm bei einem Erwachsenen zu Vergiftungserscheinungen führen kann, reicht theoretisch schon eine große Kartoffel!

Typisch für Solaninvergiftungen sind: Kopfschmerzen, Kratzen und Brennen im Hals, Erbrechen und Durchfall. In schweren Fällen können Krämpfe und Lähmungen bis hin zu Atemnot und Bewusstlosigkeit auftreten!

Kartoffeln bleiben am längsten frisch, wenn Sie sie kühl und nicht zu trocken, aber auch nicht zu feucht aufbewahren. Wenn Sie keinen Vorratsraum oder Vorratskeller besitzen, dann sollten Sie immer nur kleinere Kartoffelmengen kaufen und aufbewahren.

Die Knollen füllen Sie am besten in einen Baumwoll-, Leinenoder Jutesack oder ein Netz, denn im Folienbeutel verfaulen die Kartoffeln schnell. Dunkel und kühl gelagert bleiben Kartoffeln auch in der Küche einige Tage frisch.

Wichtig: Der Kühlschrank ist nicht wirklich der richtige Ort für Kartoffeln, da bei den kalten Temperaturen ein Teil der Kartoffelstärke in Zucker umgewandelt werden kann – die Kartoffeln schmecken dann mitunter süßlich. Im Gemüsefach ist es meist auch zu feucht, und mit vielen Früchten (siehe Kapitel über Ethylen) vertragen sich die Knollen auch nicht.

Wenn Sie einen Vorratskeller besitzen, können Sie ja auch größere Mengen Kartoffeln einlagern. Geeignet sind aber nur lagerfähige Sorten wie etwa Afra, Agria, Laura oder Nicola. Die Kartoffeln brauchen immer ausreichend Luft. Um zu vermeiden, dass die Kartoffeln zu viel Feuchtigkeit verlieren oder grüne Stellen bilden, sollten Sie sie mit einem luftdurchlässigen Material wie Papier abdecken.

Richtige Kartoffellagerung: Nicht in den Kühlschrank!

- Vor Licht schützen: dunkler Raum.
- Sauberer, luftdurchlässiger Behälter, also raus aus der Plastikfolie!
- Normale Raumfeuchte, denn zu hohe Feuchtigkeit führt zu Schimmel und Fäulnis, Papierabdeckung hilft gegen Austrocknung.
- Temperatur: kühl, aber frostfrei, ideale Lagertemperatur +4 bis +10 Grad Celsius.
- Wichtig: Nicht fallen lassen oder drücken, sonst entstehen Druckstellen.
- Kartoffeln nicht zusammen mit Äpfeln oder Birnen lagern. Diese Früchte sondern Ethylen ab, was bewirkt, dass die Kartoffeln schneller reifen und damit auch schneller verderben.

Obst

Zum Obst zählen Früchte und Samen von Bäumen und Sträuchern. Im Gegensatz zu Gemüse wird Obst überwiegend roh verzehrt. Wie Gemüse besitzt es einen hohen Wasseranteil, der Säuregrad (pH-Wert) ist meist niedriger als bei Gemüse. Die einzelnen Arten lassen sich dem Kern-, Stein-, Beeren- oder Schalenobst (Nüsse, Mandeln) bzw. den Südfrüchten zuordnen.

Einige Obstsorten reifen nach der Ernte nach, zum Beispiel Äpfel, Bananen oder Nektarinen, andere nicht, wie Ananas und Beerenobst. Durch Kühlung und unter kontrollierter Atmosphäre im Obstlager lassen sich Reifung und Alterung stark verzögern, z. T. monatelang.

Die Obstoberfläche ist immer von Mikroorganismen besiedelt.

Ist die äußere Schicht (Epidermis) unverletzt, können die Keime bei vielen Obstarten nicht ins Innere eindringen. Verletzungen der Außenhaut durch Insekten, Hagel, Frost oder zu hartes Anfassen heben diesen Schutz auf. Wer einmal sehen durfte, wie sanft ein Obstbauer seine Äpfelchen vom Baum nimmt und fast zärtlich in die Stiege legt, wird sich immer daran erinnern. Machen Sie es zu Hause auch so, dann bleiben die Bäckchen lange rot und fest. Weil Obst einen vergleichsweise hohen Säuregrad hat, können sich weniger die Bakterien, als vielmehr vor allem Hefen und Schimmelpilze vermehren.

Je nach Erreger sind folgende Verderbserscheinungen typisch:
- *Bitterfäule:* runde, abgegrenzte Faulstellen auf der Oberfläche, die später einsinken, sehr bitterer Geschmack,
- *Braunfäule:* konzentrische Ringe, erweichtes Gewebe, später Verhärtung der Schale (bei Äpfeln oder Kirschen),
- *Grünfäule:* bräunliche, später weißlich grüne Verschimmelung, deutlicher Schimmelgeschmack (bei Äpfeln oder Zitronen),
- *Kernhausfäule:* verschimmeltes Kerngehäuse bei Äpfeln oder Birnen, das umgebende Fruchtfleisch wird bräunlich,
- *Nassfäule:* breiartige, wässerige Erweichungen.

Schimmeliges Obst ist nicht zum Verzehr geeignet. Wenn in einer Erdbeer- oder Weintraubenschale nur einzelne Früchte angeschimmelt sind, dann sortieren Sie diese aus. Die restlichen, vom Schimmel nicht betroffenen Früchte, können Sie nach dem Waschen verwenden. Bei großen Früchten können Sie schlechte Stellen, wenn die Veränderungen noch sehr gering sind, großzügig abschneiden und das Obst dann noch verzehren. Sind Sie sich nicht sicher, dann verzichten Sie lieber auf den Genuss.

Sie können viel Einfluss darauf nehmen, dass Ihr Obst nicht

vergammelt. Generell hält alles, was Gemüse frisch hält, auch Obst frisch: Es geht immer um eine gute Kühlung und eine hohe relative Luftfeuchte. Während Beeren wie Erdbeeren ungekühlt rasch verderben und sich auch bei Kühlung nur ein bis zwei Tage halten, überstehen andere Früchte auch bei moderaten Zimmertemperaturen von etwa 18 Grad Celsius mehrere Tage gut: Äpfel, Birnen, Melonen, Bananen. Ganze Ananasfrüchte oder Orangen und Zitronen sollten besser nicht im Kühlschrank gelagert werden. Südfrüchte sind von der Kälte »schockiert« und verlieren ihr Aroma. Aufgeschnittene Ananas- oder Melonenstücke müssen allerdings auf jeden Fall gekühlt werden und sind auch so nur wenige Tage haltbar.

Wie beim Gemüse können Sie schon den einen oder anderen Euro sparen, wenn Sie den Unterschied zwischen nicht mehr ganz frischem, gealtertem Obst und tatsächlich verdorbenen Früchten erkennen können. Letzteres ist leider nicht mehr zu retten, wogegen Obst, das nur optisch nicht mehr den idealen Eindruck macht, durchaus noch roh gegessen oder zubereitet werden kann.

Und es ist klar, dass rohes Obst immer auch pathogene Keime auf seiner Oberfläche tragen kann und es einfach selbstverständlich sein sollte, es stets vor dem Essen gründlich zu waschen. Wer will schon Kotspuren vom Spatz oder irgendwelche Bandwurmeier schlucken?

Backwaren

Backwaren sind in zwei Hauptgruppen eingeteilt: Brot und Kleingebäck (damit sind vor allem Brötchen gemeint) und feine Backwaren. Plätzchen & Co sind nicht nur fetter und süßer, sondern

mit Früchten, Cremes, Sahne oder Schokolade gefüllt oder ge-
deckt. Auch Dauerbackwaren gehören in die zweite Backwaren-
kategorie, sind aber deutlich länger haltbar.

Brot hält sich auch ohne Kühlung einige Tage. Die Qualität
von Brot sinkt zuallererst dadurch, dass es austrocknet, natürlich nur, wenn es nicht zu feucht gelagert wird. In diesem Fall
verschimmelt es schneller, als dass es austrocknet. Zu stark getrocknetes, hart gewordenes Brot können Sie noch prima verwerten (vgl. dazu S. 221). Brötchen trocknen noch schneller aus
und sind dann nicht mehr knusprig. Aber auch trockene Brötchen brauchen Sie nicht wegzuwerfen (siehe S. 221 f.). Brot bleibt
länger weich, wenn Sie es im Brotkasten oder verpackt lagern.
Es schmeckt dann zwar nicht mehr so gut (Roggen- oder Misch-
brot wird leicht säuerlich, und die Brotkruste wird weich.), aber
Sie können es getrost noch verwerten.

Die hohen Temperaturen beim Backen töten die meisten
Mikroorganismen ab. Doch danach wird das Brot beim Verpacken oder Schneiden wieder berührt, sodass sich erneut Verderbskeime ansiedeln können. Auch deshalb ist es also sinnvoll,
vor dem Brotschneiden doch erst einmal die Hände zu waschen.

Ungenießbar werden Brot und Kleingebäck in erster Linie
durch Schimmel, entweder bei einer hohen relativen Luftfeuchte
von über 70 Prozent oder weil sich wegen wechselnder Temperaturen Kondenswasser bildet. Legen Sie Brot an heißen Sommerta-
gen in den Kühlschrank, damit bremsen Sie die Verschimmelung.
Ist nur eine kleine Stelle verschimmelt, können Sie sie großzügig wegschneiden und das Brot noch verwerten. Wenn das Brot
stärker von Schimmel befallen ist, dann werfen Sie es ganz weg.
Geschnittenes Brot verschimmelt schneller, denn beim Schneiden werden die immer und überall vorhandenen Pilzsporen ins

Innere des Brotes gebracht. Bei wenig Schimmel entfernen Sie einige Scheiben vor und einige nach der mit Schimmel befallenen Scheibe, den Rest können Sie verbrauchen. Wenn durch den Schimmel auch das übrige noch nicht befallene Brot nach Schimmel riecht und schmeckt, dürfen Sie es nicht essen! Schimmel bildet Gifte. Abgepacktes Brot schimmelt nicht so schnell, aber nur, solange die Packung nicht geöffnet ist.

Je nach Schimmelpilzart kann Schimmel grau, blau, grün, schwarz oder weiß aussehen. Wie giftig jetzt welche Farbe ist, lässt sich nicht sagen – deswegen immer weg damit!

Hefen führen zu weißen, kreideartigen, rundlichen Belägen (»Kreideschimmel«). Sie bauen bei feinen Backwaren den Zucker ab, dadurch riechen diese dann nach Alkohol. Essen Sie diese verdorbenen Speisen bitte nicht mehr.

Bei nicht gesäuertem Brot kann eine spezielle Veränderung beobachtet werden: Verursacht durch das Bakterium Bacillus subtilis bilden sich Fäden (»Fadenziehen«), die beim Aufbrechen des Brotes sichtbar werden; im Weiteren beginnt das Brot unangenehm fruchtartig zu riechen und verliert seine Struktur. Auch ohne die Geruchsabweichung kann ein verdorbenes ungesäuertes Brot nicht mehr verzehrt werden.

Brot und andere Backwaren lassen sich durch Gefrierlagerung unter -18 Grad Celsius wochen- und monatelang aufbewahren.

Die weiteren Hinweise zum Brot stammen von der süddeutschen Biobäckerei Hofpfisterei: »Brot will atmen«, schreibt die Firma in ihren Publikationen, denn der Laib brauche während der Lagerung unbedingt Luft. Deshalb sollte Brot in einem Behälter mit Luftlöchern aufbewahrt werden. Ideal ist ein Brottopf aus Steingut. In ihm wird das Brot mit dem Anschnitt nach unten gelegt.

Sie können bei Brotvierteln eine Schnittfläche zusätzlich mit Alufolie abdecken. Bei durchschnittlichen Zimmertemperaturen von 18 bis 20 Grad Celsius bleibt das Brot im Steinguttopf mehrere Tage frisch und ist ein Genuss bis zum Schluss. Wie lange es innen ausreichend feucht bleibt, hängt von der Zusammensetzung ab: Roggen hält die Feuchtigkeit, reines Weizenbrot, wie Baguette, trocknet schneller aus.

Dort, wo Brot aufbewahrt wird, muss besondere Sauberkeit herrschen. Feuchtigkeit, alte Reste und Krümel begünstigen die Schimmelbildung und müssen stets sofort entfernt werden.

Der Kühlschrank ist übrigens für die Lagerung von Brotwaren nicht geeignet, entweder trocknen sie im oberen Bereich aus oder beginnen im Gemüsefach schnell zu schimmeln. Aber wenn es im Sommer zu heiß ist, dann ist er dennoch die bessere Alternative.

In der Tiefkühltruhe halten sich in Gefrierbeuteln verpacktes Brot oder Brötchen mehrere Wochen lang frisch. Nehmen Sie das Brot einige Stunden vor dem Verzehr aus der Tiefkühltruhe und lassen Sie es bei Zimmertemperatur im Gefrierbeutel auftauen. Wenn Sie vor dem Einfrieren Ihr Brot bereits in Scheiben geschnitten haben, können Sie die Brotscheiben direkt aus der Kühltruhe in den Toaster geben.

Torten, Bienenstich und andere feine Backwaren: Ein optimaler Nährboden für Mikroorganismen sind die Cremes in feinen Backwaren. Zucker, Stärke und Eier haben einen hohen pH-Wert und bieten Mikroorganismen alles, was diese brauchen. Ohne Kühlung sind solche Backwaren (wie etwa cremehaltige Torten und Bienenstich) nur kurzzeitig haltbar. Die Cremes werden in der Regel auch nicht mitgebacken und mögliche Keime daher nicht abgetötet.

Die cremehaltigen Backwaren sollten im Geschäft wie zu

Hause stets im Kühlschrank aufbewahrt werden. Ansonsten können sie sehr schnell verderben: Sie werden je nach Verderbsform säuerlich, ranzig, schleimig, faulig, durchsetzt mit Kohlendioxidbläschen. Besonders gefährlich sind Salmonellen, Escherichia coli oder Listerien, die über die Zutaten in die Cremes gelangen und sich bei ausbleibender Kühlung bzw. zu langer Lagerung darin weiter vermehren können.

Konserven

Der Inhalt von Konserven ist durch luftdichtes Verpacken und Erhitzen haltbar gemacht. Die Behälter sind Dosen aus Metall, Glas, beschichteten Materialien wie Pappe, Plastik oder Verbundstoffe. Da der Inhalt erst erhitzt wird, wenn der Behälter bereits verschlossen ist, kann er nachträglich nicht mehr verunreinigt werden. Die im Lebensmittel enthaltenen Mikroorganismen und Enzyme werden durch die Hitze inaktiviert.

Grundsätzlich werden sterile Konserven (das sind die Vollkonserven) von Halb- oder Kesselkonserven, die auch Hausmacherkonserven genannt werden, unterschieden. Die über 100 Grad Celsius hoch erhitzten Vollkonserven enthalten so gut wie keine lebenden Keime mehr, selbst die Sporen der sporenbildenden Bakterien sind abgetötet. Sie brauchen deshalb nicht gekühlt zu werden und sind dennoch über zwei bis vier Jahre haltbar. Die anderen Konservenarten sind auf höchstens 100 Grad Celsius erhitzt, sodass hier die Bakteriensporen größtenteils überleben. Damit die Sporen nicht auskeimen, müssen diese Konserven bei unter 10 Grad Celsius gekühlt gelagert werden. Dann halten sie mehrere Monate. Zusätzlich konservierend wirken Säuren, die in

Obstkonserven oder in Aufgussflüssigkeiten bei Fischerzeugnissen (Marinaden) enthalten sind.

Durchsichtige Glaskonserven müssen unter Lichtabschluss gelagert werden, da sich sonst die Fette abbauen und die Haltbarkeit reduzieren würden. Konserven sollten nicht zu feucht gelagert werden, da bei hoher Luftfeuchte die Dose oder der Deckel bei Gläsern korrodieren kann.

Da Voll- und Halbkonserven oft total gleich aussehen, schauen Sie sich bitte den Kühlhinweis und das MHD an. Wenn Sie eine Halbkonserve gekauft, aber nicht als solche identifiziert haben, riskieren Sie im schlimmsten Fall eine gefährliche Lebensmittelvergiftung. Ungekühlte Halbkonserven können rasch verderben und Gifte entwickeln, wir erwähnten bereits den gefährlichen Botulismus (s. Seite 129). Sporen von Clostridium botulinum können die Erhitzung auf 100 Grad Celsius überleben, bei ausbleibender Kühlung auskeimen, sich vermehren und das nicht selten tödlich wirkende Botulinumtoxin bilden. Als Anaerobier finden diese Keime in Konserven gute Vermehrungsbedingungen. Dem vergifteten Lebensmittel können Sie oft nicht ansehen, dass es befallen ist. Es wird durch das Toxin nicht sichtbar verändert, sodass der Konsument in dem Fall nicht gewarnt ist.

Werden Konserven geöffnet, so beginnt der Inhalt ganz normal wie ohne die Konservierung zu verderben. Angebrochene Konserven, also auch Vollkonserven, sind deswegen zu kühlen und innerhalb von ein bis drei Tagen zu verbrauchen. Wir empfehlen, den Inhalt in ein sauberes Gefäß umzufüllen. Auch Konserven können sich verändern oder ihr Inhalt kann verderben. Achten Sie vor allem auf folgende Zeichen:

Die Dose ist verformt oder verbeult. Die Verformungen bewirken, dass sich das Material spannt und undicht wird. Die Konserve läuft aus. Werfen Sie undichte Konserven weg. Wenn die Dose sich erst bei Ihnen durch irgendeine Einwirkung verformt hat und undicht geworden ist, dann können Sie den Inhalt natürlich noch essen, und zwar möglichst bald. Wenn sie trotz der Einwirkung noch dicht ist, dann empfehlen wir, sie nicht mehr allzu lang zu lagern und auch bald zu verbrauchen. Prüfen Sie natürlich in allen Fällen den Inhalt! Dass eine Dose undicht geworden ist, erkennen Sie, wenn Sie sie in warmes Wasser tauchen und Bläschen am Dosenrand aufsteigen.

Kleine Korrosionen wie kleine Roststellen, die meist an den Nahtstellen beginnen, sind bei den eisenhaltigen Weißblechdosen noch kein Grund, sie wegzuwerfen. Aber Sie sollten den Inhalt bald verbrauchen. Stärker korrodierte Dosen müssen aussortiert werden.

Die Blechdosen haben innen eine meist glänzende, durchsichtige Lackschicht. Lösen sich Lackteilchen, so darf der Inhalt nicht mehr gegessen werden. Manchmal entsteht unter der intakten Lackschicht eine flammenförmig aussehende dunkle Marmorierung. Diese ist harmlos und kann toleriert werden.

Dass der Inhalt einer Konserve verdorben ist, können Sie in den meisten Fällen daran erkennen, dass sich Deckel und Boden aufwölben. Mikroorganismen im Inneren produzieren Gase, welche diese Verformungen verursachen. Bei Glaskonserven wölbt sich natürlich nur der Deckel vor. Der Druck kann erheblich sein und die Konserve sogar zum Platzen bringen. Man spricht hier von Bombagen. Den Inhalt solcher Konserven können Sie natürlich nicht mehr essen, weil er auch gesundheitsschädlich sein kann. Das kann passieren, wenn die Konserve entweder nicht ausreichend sterilisiert wurde oder nachträglich Keime durch undichte Stellen eingedrungen sind. Nicht sterile Konserven, also die Halbkonserven, wölben sich oder platzen gar, wenn sie nicht gekühlt worden sind.

Diese »echten« Bombagen müssen von »Scheinbombagen« unterschieden werden: Bei Scheinbombagen wölbt sich der Deckel, weil die Dosen zu stark gefüllt wurden oder weil die Dose gestaucht und verformt wurde oder der Deckel nicht exakt passt. Solange die Konserve dicht ist und keine sonstigen Mängel aufweist, kann der Inhalt verzehrt werden. Hersteller sollten allerdings solche Qualitätsmängel vermeiden.

Konserven dürfen nicht eingefroren werden! Beim Einfrieren würde sich der Inhalt ausdehnen, dadurch würde sich der Deckel aufwölben. Beim Auftauen zieht sich das Material wieder zusammen und könnte dabei undicht werden.

Geschmacks- und Geruchsabweichungen beim Konserveninhalt im Vergleich zu den gleichen, nicht konservierten Lebensmitteln sind normal. Sie entstehen aufgrund des intensiven Erhitzungsprozesses. Je nach Erzeugnis kommt es zu Konsistenzverlusten, einem Fett- und Gelee-Absatz bei Fleischerzeugnissen, einem leichten Karamellisierungsgeschmack sowie Farbveränderungen. Außerdem wirken Gewürze in Konserven weniger. All das ist natürlich kein Grund für eine Beanstandung.

Überlagerte Konserven sind theoretisch noch verwendbar. Allerdings flacht der Geschmack aufgrund der sehr langen Aufbewahrung ab, Geschmack und Struktur gehen verloren, und die Fette zersetzen sich. Ist dieser Prozess weit fortgeschritten, spricht man vom »abiotischen« Verderb – solche Konserven sind dann nicht mehr zum Verzehr geeignet.

Restaurant/Kantine/Imbiss

Auch Speisen, die man im Restaurant, in der Kantine oder einer Imbissbude erhält, sind einer Frischeprüfung zu unterziehen. Hilfreich ist immer ein Blick in die Küche, wenn dies möglich ist. Dort offenbart sich der Hygienestandard. Unklar für den Gast bleiben aber die meisten zentralen Fragen: Wie frisch sind die Zutaten, wie sauber wird gearbeitet? Essen ist eben auch Vertrauenssache.

Natürlich kann man viele Überbleibsel aus dem Restaurant noch gut verwenden, denn auch dort sind viele Essensportionen zu groß. Die Weiterverwertung von Restaurantgerichten bietet sich oft eher an als bei Fastfood: Reste einer Pommes- oder Döner-Portion lassen sich kaum weiterverwenden, Pizza und Asiagerichte dagegen schon. Ein übrig gebliebenes Schnitzel, eine Bulette oder einen Knödel, Bratkartoffeln oder einen leckeren Salat kann man sich aber auch in feinen Restaurants und der Betriebskantine allemal einpacken lassen (am besten in hygienische Alufolie oder Wegwerf-Plastikteller). Um Missverständnissen vorzubeugen: Dem Restaurant ist es natürlich nicht erlaubt, bereits ausgegebene, nicht verbrauchte Portionen zu verwerten!

Die Haltbarkeit gekochter Speisereste ist natürlich sehr begrenzt, da sie ja meistens nicht gleich gekühlt werden. Aber bis zum nächsten Tag bleiben sie fast immer noch verzehrbar. Ein schnell aufgebratenes Restschnitzel, eine Pizzahälfte oder ein Asia-Nudelgericht ist schon für so manche kulinarische Überraschung am nächsten Mittag gut gewesen! Dies ist aber schon ein Vorgriff auf das nächste Kapitel.

Zweite Karriere: Was man aus übrig gebliebenen Lebensmitteln zaubern kann

»Man soll dem Leib etwas Gutes gönnen,
damit die Seele Lust hat, darin zu wohnen.«
Winston Churchill

Das Brötchen ist zu trocken, der Brokkoli nicht mehr frisch genug, der Apfel hat eine Druckstelle und der Fisch im Kühlschrank – auf den hat man gerade keinen Appetit.

Und weil viele weder Ideen noch Rezepte parat haben, mit denen sie die Reste verwerten können, landen die oft gar nicht verdorbenen Lebensmittel einfach im Müll. Dabei sind Kühlschrank, Brotfach und Lebensmittelschrank nicht die Vorstufe des Mülleimers, sondern könnten sich mit etwas Know-how und Kreativität in eine kulinarische Schatztruhe verwandeln. Entdecken Sie die verborgenen Schätze in Ihrer Küche!

Es gibt einige goldene Regeln zu beachten, mit denen wir enorm viele Essensabfälle vermeiden und dabei jährlich mehrere hundert Euro sparen können. Aus jedem verzehrbaren Rest lässt sich nämlich etwas Leckeres machen.

Erster Blick in den Kühlschrank: Welche Reste oder übrigen Lebensmittel würden als Erste verderben? Aus den am meisten gefährdeten Dingen zaubern wir am besten gleich heute etwas Feines.

Dann überlegen wir, was morgen, übermorgen und in den nächsten Tagen verderben würde – dazu machen wir am Abend einen Plan und kaufen am nächsten Tag die fehlenden Zutaten in den richtigen Mengen.

Meistens kann man mehrere Reste aus Kühlschrank, Tiefkühl-
fach und Lebensmittelschrank zu einem Restegericht verarbeiten.
Dümpeln im Kühlschrank nur noch ein halber Porree, zwei
Eier, ein alter Edamerkäse und etwas Milch und liegen im Brotfach noch alte Brötchen von der Vorwoche, dann haben Sie alle
Zutaten für einen kleinen Brotauflauf. Mit gedünstetem Porree
belegt und mit Käse überbacken – das ist superlecker und etwas
Besonderes. Es sind die immer wieder etwas anders gemischten
(Reste-)Zutaten, die unsere Spontaneität und Improvisation auf
den Plan rufen. Locken Sie Ihren schöpferischen Geist aus sich
heraus, das macht Spaß und ist sinnvoll.

Die folgenden Resterezepte sind einfache Ideen, die Ihnen zeigen, wie wertvoll der Inhalt Ihrer Vorratsschränke sein kann oder
was aus einem verwaisten Brötchen oder einer Gurke noch alles
entstehen kann.

Ananas

Passt gut zu: Karotte, Apfel, Selleriestangen
Verwertungstipp: Original Hawaii-Toast, Waldorf-Salat
oder:
Ananas-Shrimps
Zutaten für 4 Portionen: Restliche Ananas (200–500 g) aus der
Dose oder frische Ware • 175 g Mandarin-Orangen aus der Dose •
2 Stangen Staudensellerie • 250 g Shrimps • Saft von 1 Zitrone •
1 Becher saure Sahne • 50 ml Barbecue-Sauce • 1 TL brauner Zucker • Salz und Pfeffer • 4 Blätter Romano-Salat
Ananas und Sellerie in Stücke schneiden. Mit den anderen Zutaten vermengen, würzen und auf Romano-Blättern servieren.

Apfel

Passt gut zu: Karotte, Kirschen, Eierspeisen

Verwertungstipp: Apfelkompott

Apfelreste von braunen Stellen befreien, in Apfelspalten aufschneiden, pro Apfel einen TL Zucker darüberstreuen, mit einer Prise Zimt würzen und mit wenig Wasser kurz aufkochen, dann im geschlossenen Topf ziehen lassen, bis der Apfel weich, aber noch bissfest ist.

Noch einfacher: Schneiden Sie den Apfelrest in dünne Scheibchen und braten Sie diese mit etwas Butter, Zimt und einer Prise Zucker in einer beschichteten Pfanne kurz an – das passt prima zu Milchreis, als Belag auf Pfannkuchen oder einfach so, als Obstsnack!

Aubergine

Passt gut zu: Zucchini, Tomaten, Hackfleisch

Verwertungstipp: Ofen-Aubergine

Längs in dünne Scheiben schneiden, mit Olivenöl bepinseln und im Backofen bei 200 Grad Celsius etwa 30 Minuten backen, mit Salz und Kräutern würzen, dazu Schafskäsecreme servieren.

Banane

Passt gut zu: Milch, Müsli

Verwertungstipp: Als Dessert längs halbieren, mit Zimtzucker bestreuen und in etwas Butter in einer beschichteten Pfanne rundherum braten. Mit Ahornsirup beträufeln, zu Vanilleeis servieren.

Beeren

Passen gut zu: Müsli, Apfel, Birne, Joghurt, Quark

Verwertungstipp: Berry-Mix-Müsli

500 g gemischte Beerenreste (Erdbeeren, Himbeeren, Blaubeeren und Johannisbeeren) • 0,5 l Kefir • 2 EL Zucker • 1 EL Honig • Zimt • 4 EL gehackte Nüsse oder Pistazien • 4 gehäufte EL Knuspermüsli
Gekühlte Beeren mit den anderen Zutaten verrühren und in Müslischalen anrichten.

Birne

Passt gut zu: Schokolade, Melone, Beeren
Verwertungstipp: Schokopudding mit Birne
1 Packung Schokopudding • 0,5 l fettarme Milch • 2 EL Zucker • 1 gehäufter EL Kakao • restliche Birnen frisch oder aus der Dose • 50 g Mandelsplitter
Pudding nach Packungsanleitung kochen, mit Birnenspalten und Mandelsplitter anrichten.

Blumenkohl

Passt gut zu: Kartoffeln, Fleischgerichten, Schinken, Sauce Hollandaise
Verwertungstipp: Panierter Blumenkohl
Reste eines Blumenkohls • 2 Eier • Mehl • Semmelbrösel • 1 EL Rapsöl • 200 g Joghurt • Salz und Pfeffer • 1 EL gehacktes Basilikum • Saft von 1/2 Zitrone
Blumenkohl in Röschen teilen, Eier verquirlen. Blumenkohlröschen nacheinander in Mehl, Ei und Semmelbröseln wenden, dann in Rapsöl ausbacken. Mit einem Dip aus Joghurt, Salz, Pfeffer, Basilikum und Zitronensaft servieren.

Bratenreste

Passen gut zu: Kartoffelbrei, Bratkartoffeln, Nudeln, Mischgemüse

Verwertungstipp: Bauernomelett
Bratenreste • 2–3 gekochte Kartoffeln • 1 gehackte Zwiebel •
2 Eier • Salz und Pfeffer • saure Gurken
Bratenreste würfeln, Kartoffeln in Scheiben schneiden, Zwiebeln
andünsten. Alles mit den verquirlten Eiern vermengen, salzen
und pfeffern und in einer Pfanne anbraten. Dann wenden und
nochmals anbraten. Auf dem Teller mit sauren Gurken garnieren.

Bratwurst (roh)
Passt gut zu: Kartoffelbrei, Pommes, Erbsen, Sauerkraut
Verwertungstipp: Die Bratwurstreste sind eine ideale Einlage für
Suppen! Für die Suppeneinlage das Brät herausdrücken und zu
Klößen formen, in einer klaren Suppe gar ziehen lassen.

Brokkoli
Passt gut zu: Kartoffeln, Reis, Nudeln
Verwertungstipp: Nudeln mit Brokkoli
Brokkoli für die Pastasoße dünsten, bis er weich ist, mit Sahne
kurz aufkochen, mit Muskat, Salz und Zitronensaft abschme-
cken, geröstete Mandelblättchen über das Gericht streuen.

Brot
Passt gut zu: allen Aufstrichen, Fleischgerichten, Eiern, Quark
Verwertungstipp: French-Toast
Aus Toastbrotscheiben, auch wenn sie schon trocken sind, können Sie ganz fix eine wunderbare Frühstücksbeilage zaubern:
3 Eier mit einem Schuss Milch verquirlen, Toastbrot darin wenden und etwa zwei Minuten in heißer Butter oder Butter-Raps-
öl-Gemisch in einer Pfanne anbraten. Am besten mit Ahornsirup
beträufeln und warm genießen.

Brötchen

Passen gut zu: allen Aufstrichen, Fleischgerichten, Eiern, Quark
Wichtig: Bewahren Sie übrige Brötchen an einem sehr trockenen
Ort auf, damit sie nicht schimmeln. Getrocknete Brötchen halten mehrere Wochen. Verwenden Sie immer die ältesten zuerst.
Verwertungstipp 1: Croutons
Brötchen in kleine Würfel schneiden und in Butter oder Olivenöl
goldbraun rösten. Zu Suppen oder Salaten reichen.
Verwertungstipp 2: Bayerische Semmelknödel (wenn Sie mehrere
Brötchen übrig haben)
8 trockene Brötchen/Semmeln • 375 ml Milch • 1 kleine Zwiebel •
20 g Butter • 1/2 Bund Petersilie • 3 Eier • Salz, Muskat
Brötchen würfeln und in einer großen Schüssel mit warmer Milch
übergießen. Zwiebel würfeln und in Butter andünsten, Petersilie
hacken und mit den Eiern, Salz und Muskat zu den Brotwürfeln
geben. Alles vermengen und daraus Klöße formen. In reichlich
kochendes Salzwasser legen, kurz aufkochen und ca. 20 Minuten ziehen lassen.

Camembert

Passt gut zu: Preiselbeeren, Kräutern, Paprika
Verwertungstipp: Für einen Brotaufstrich Käse entrinden, zerdrücken. Dann mit Quark, Schnittlauch und Paprikapulver verrühren.

Couscous

Passt gut zu: Hühnchen, saftigen Fleischgerichten, Gemüse (Tomaten, Zucchini, Auberginen, Karotten), arabischen Gewürzen
Verwertungstipp: Vor dem Aufbewahren im Kühlschrank (noch
warm) mit etwas Öl oder Butter verrühren, bei der nächsten Zubereitung mit etwas Wasser erwärmen.

Crêpes/Pfannkuchen

Passen gut zu: süßen und deftigen Aufstrichen, Käse, Schinken, Spinat, Suppe

Verwertungstipp: Suppeneinlage

Für die Flädle- bzw. Frittatensuppe zusammenrollen, in feine Streifen schneiden und in der Brühe erwärmen.

Eier

Passen gut zu: Kartoffeln, Nudeln, Brot/Brötchenresten

Verwertungstipp: Gaucho-Frühstück

1 Zwiebel • 1 rote Paprika • 100 g Schinken • 4 EL Rapsöl • 6 Eier • 2 EL Mais • etwas Salz, Pfeffer und Paprikagewürz

Zwiebel, Paprika und Schinken in Würfel schneiden. Zwiebelwürfel in einer beschichteten Pfanne andünsten, Eier verquirlen und mit den anderen Zutaten zu den Zwiebeln geben. Langsam durchbraten. Dann wenden und nochmals kurz anbraten.

Erbsen

Passen gut zu: Kartoffelbrei, Fisch, Pfannkuchen

Fenchel

Passt gut zu: Olivenöl, Zucker, Kümmel, Kartoffeln, Nudeln

Fisch

Passt gut zu: Reis, Kartoffeln, gedünstetem Gemüse, frischem Salat

Fleischreste

siehe Braten, Hühnchen, Rindfleisch, Schweinefleisch

Gemüsereste

Passen gut zu: Suppe, Fleisch, Fisch, Reis, Nudeln
Verwertungstipp: Minestrone molto presto
Tiefkühlgemüse/Gemüsereste • 1 mittelgroße Zwiebel • 1 Knoblauchzehe • 1 gestrichener TL Zucker • 2 EL Olivenöl • 1 l Brühe • 100 g Parmesan
Zwiebel und Knoblauch hacken und mit Zucker in Öl andünsten, Gemüse dazugeben. Mit Brühe übergießen. 15 Minuten kochen und vor dem Servieren mit Parmesan überstreuen.

Gurken

Passen gut zu: Dill, Tomaten, Joghurt, Zitrone, Pfeffer
Verwertungstipp: Tzatziki
1/3 Salatgurke • 1 Schalotte • 250 g Quark • Zitronensaft • Salz und Pfeffer
Gurke grob raspeln, Schalotte klein hacken, mit Quark verrühren und würzen (nach Geschmack eine zerdrückte Knoblauchzehe unterrühren).

Hackfleisch

Passt gut zu: Tomaten, Auberginen, Zucchini, Karotten, Kartoffeln/Kartoffelbrei
Verwertungstipp: Frikadellen mit Quark
500 g gemischtes Rinder- und Schweinehackfleisch • 200 g Speisequark (Magerstufe) • 2 Eier • 50 g Semmelbrösel • 2 gehackte Zwiebeln • 1 TL Salz • Rosmarin und Majoran
Alle Zutaten vermengen, mit Kräutern und Salz abschmecken. Aus der Masse kleine Frikadellen formen und langsam in der Pfanne durchbraten.

Hähnchenfleisch
Passt gut zu: Couscous, Pommes
Verwertungstipp: Wok statt weg
Fein geschnittenes Gemüse nach Wahl im Wok andünsten, in Streifen geschnittenes Hähnchenschnitzel mit gehacktem Ingwer hinzufügen, dazu Reis servieren.

Ingwer
Passt gut zu: Kürbissuppe, Süßkartoffelsuppe, Asia-Gerichte

Kaffee
Passt gut zu: Vanilleeis, Biskuits, Brandy und Rum
Verwertungstipp: Eiskaffee
Nie wieder Kaffee wegschütten: Einfach über einige Kugeln Vanilleeis gießen und genießen – auch ein Schuss Rum oder Brandy schadet nicht!

Karotten
Passen gut zu: Apfel, Ananas, Rosinen
Verwertungstipp: bunte Gemüsebeilage
Karottenreste mit etwas Zucker in Olivenöl dünsten und Erbsen (Dosenware) dazugeben.

Kartoffeln
Passen gut zu: Braten, Hackfleisch, Eiern, Gemüse
Verwertungstipp: Bratkartoffeln, im Omelett mit Speck und Tomaten anbraten.

Kirschen

Passen gut zu: Beilage zum Obstkuchen, Fruchtsalat oder Rote Grütze

Verwertungstipp: Rote Grütze

Restliche Sauerkirschen (entkernt) und Beeren (Johannisbeeren, Himbeeren), zusammen etwa 300 g • 50 ml Kirschsaft oder Johannisbeersaft • 100 ml Wasser • 2 EL Stärke • 2 EL Zucker

Stärke mit etwas Kirschsaft anrühren. Restliche Zutaten in einen Topf geben und erhitzen. Stärke hinzufügen, aufkochen und abkühlen lassen.

Kohlrabi

Passt gut zu: Kartoffeln, Braten

Verwertungstipp: Gemüsebeilage

In Stifte schneiden und mit Olivenöl langsam dünsten oder in wenig Wasser weich kochen, pürieren und unter heißes Kartoffelpüree mischen, mit Muskat abschmecken.

Lachsfilet

Passt gut zu: Meerrettich, Senfsoße, Kartoffeln, Brot

Verwertungstipp: Suppeneinlage

Fischreste in große Würfel schneiden und als Einlage in einer Gemüsesuppe verwenden.

Lauch

Passt gut zu: Kartoffelbrei und Kalb- oder Schweinefleisch

Verwertungstipp: Gemüsebeilage

Lauchreste säubern, saftige Teile in Streifen schneiden und einige Minuten in Olivenöl dünsten.

Mais
Passt gut zu: Kartoffeln, Hühnchen, Eiern
Verwertungstipp: Gaucho-Frühstück, siehe »Eier«.

Matjesfilet
Passt gut zu: Pellkartoffeln, Brot
Verwertungstipp: Tatar
Fein hacken, mit Zwiebelwürfeln, Kapern und Vinaigrette mischen, zu Kartoffelpuffern reichen.

Mozzarella
Passt gut zu: Tomaten, Basilikum, Brot, Nudeln

Orange
Passt gut zu: Fenchel, grünem Salat, Vanilleeis
Verwertungstipp: Orangen-Rotkohl-Salat
1 kleiner Rotkohl • 50 ml Orangensaft • 4 Frühlingszwiebeln • 2 Orangen • 1 TL Fenchelsamen • schwarzer Pfeffer • 1 TL Salz • 2 EL Petersilie • 2 EL Olivenöl • 100 g Walnüsse
Dünn gehobelten Rotkohl im geschlossenen Topf mit Orangensaft garen. Frühlingszwiebeln und Orangen in Scheiben schneiden. Mit den restlichen Zutaten in den Topf geben und vermengen. Warm servieren.

Paprika
Passt gut zu: Gurke, grünem Salat, Zitrone, Olivenöl, Pizzabelag, Nudeln, Gnocchi

Pizza
Passt gut zu: Käse, Tomate, Wein

Verwertungstipp: noch mal backen
Die übrig gebliebenen Stücke mit Tomatenscheiben, Zwiebeln und geriebenem Emmentaler belegen, mit Olivenöl bestreichen, im Backofen bei 200 Grad Celsius erwärmen. Oder einfach für einige Sekunden in der Mikrowelle erwärmen.

Pfannkuchen
siehe »Crêpes«

Rotkohl
Passt gut zu: Kartoffeln, Klößen, Braten, Wildgerichten
Verwertungstipp: Orangen-Rotkohl-Salat, siehe »Orangen«

Schafskäse
Passt gut zu: Gurken, Tomaten, Kräutern, Brot, Nudeln
Verwertungstipp: gefüllte Tomaten
Käse zerdrücken, mit Joghurt und Kräutern mischen, in ausgehöhlte Tomatenhälften füllen und im Ofen (180 Grad Celsius) ca. 15 Minuten überbacken.

Spinat
Passt gut zu: Pfannkuchen, gedünstetem Fisch, Reis, Kartoffeln
Verwertungstipp: Bens Pfannkuchen
Reste einer Packung Tiefkühlspinat • 1 Zwiebel • Rapsöl • 1 Prise Knoblauchsalz • 2 Messerspitzen Muskatnuss • 1 EL Sahne • 6 Eier • 5 gehäufte EL Vollkornmehl (Weizen oder Dinkel) • 0,2 l Milch • 200 g Mozzarella • 100 g Schinkenwürfel
Zwiebel würfeln und in Öl andünsten, Spinat dazugeben. Mit Salz, Muskat und Sahne abschmecken. Für den Pfannkuchenteig Eier, Mehl und Milch verquirlen. Pfannkuchen backen. Anschlie-

ßend mit der Spinatmischung sowie Mozzarella- und Schinken-
würfeln füllen.

Süßkartoffel
Passt gut zu: Karotten, Kürbis
Verwertungstipp: Sweet Potato Soup
2 Süßkartoffeln bzw. Reste davon mit normalen Kartoffeln oder
Karotten aufwiegen • 2 Karotten • 1 Zwiebel • 2 EL Rapsöl • 750 ml
Brühe • etwas Cayennepfeffer, Kreuzkümmel und Salz • 4 EL süße
Sahne • 1 Bund Petersilie
Gewürfeltes Gemüse in Rapsöl andünsten, mit Brühe aufgießen
und weich kochen. Würzen. Auf Teller verteilen und je mit 1 EL
Sahne und etwas gehackter Petersilie servieren.

Tee
Passt gut zu: Eiswürfeln
Verwertungstipp: Eistee
Warum eine Flasche Eistee kaufen, wenn die Zutaten im Kühlfach sind? Schwarzen oder Grünen Tee abkühlen lassen, mit etwas Himbeersirup oder Zucker und Zitronensaft verrühren, über
die Eiswürfel im Glas gießen, genießen.

Thunfisch
Passt gut zu: Salaten, Pizza
Verwertungstipp: Thunfisch »naturell« als Pastagericht
Zwiebelringe in Öl anbraten, Thunfisch und schwarze Oliven da-
rin erwärmen, gegarte Nudeln untermischen.

Tomaten
Passen gut zu: Basilikum, Olivenöl, Mozzarella, Nudeln, Brot, Frischkäse
Verwertungstipp: Sardisches Brötchen
Bauernbrot rösten, mit geschälter Knoblauchzehe einreiben, eine gewürfelte Tomate darauf verteilen, mit Olivenöl, Salz und Pfeffer würzen.

Tortellini
Passen gut zu: Tomatensoße, Suppeneinlage
Verwertungstipp: Tortellini in brodo
Restliche Tortellini mit beliebiger Füllung • 500 ml kräftige Brühe • 1 EL Olivenöl • 1 EL Tiefkühlkräuter (französische oder italienische Mischung) • 2 EL Parmesankäse
Tortellini in der Brühe erwärmen und jeden Suppenteller mit 1 TL Kräuter und 2 TL Parmesan bestreuen.

Wiener Würstchen
Passen gut zu: eingelegten Gurken, Senf, Erbsensuppe, Kartoffelsuppe
Verwertungstipp: Suppeneinlage
In Scheiben schneiden und unter einen Kartoffel- oder Nudelsalat mischen, oder den Bergsteiger-Klassiker: Erbsensuppe mit Wienern!

Wildbraten
Passt gut zu: Kartoffelklößen, Blau- bzw. Rotkraut
Verwertungstipp: Wild-Carpaccio
In dünne Scheiben schneiden, als Carpaccio auf einem Teller anrichten und mit gebratenen Pilzen und Kräutervinaigrette servieren.

Wirsing

Passt gut zu: Speck, Kartoffelbrei, Braten
Verwertungstipp: Winterliche Gemüsebeilage
Wirsingreste waschen, in fingerbreite Streifen schneiden und mit etwas Butter und einigen EL Wasser dünsten. Wenn er weich wird, mit Salz, Muskat und Petersilie abschmecken – nach Geschmack 1–2 EL Sahne dazu

Ziegenkäse

Passt gut zu: Weißbrot, Frühlingszwiebeln, Birne
Verwertungstipp: Als Vorspeise mit Tomaten, Kapern, Brot und Öl servieren. Oder Birnenscheiben mit Käse belegen und überbacken.

Zucchini

Passt gut zu: Aubergine, Tomaten, Nudeln, Käse, Hackfleisch
Verwertungstipp: Ratatouille Marlene
1 große Zucchini • 2 Möhren • 5 Eiertomaten (frisch oder Dose à 800 g) • 1 Aubergine • 2 Zwiebeln • 1 Knoblauchzehe • 2 EL Olivenöl • 200 ml Fleischbrühe • Kräuter der Provence (tiefgekühlt oder getrocknet) oder frischer Rosmarin • Salz, Pfeffer und Cayennepfeffer
Gemüse würfeln, Zwiebel hacken. Alles mit einer zerdrückten Knoblauchzehe in Öl andünsten. Mit Brühe übergießen, würzen und ca. 15 Minuten kochen.

Zwiebel

Passt gut zu: Tomaten, Brot, Fleisch, Pizza
Verwertungstipp: dünsten oder anbraten und portioniert ins Tiefkühlfach damit.

Abschließender Gedanke

»Es liegt eben in der menschlichen Natur,
vernünftig zu denken und unlogisch zu
handeln.«

Anatole France, französischer Schriftsteller

In einem Bericht der *Süddeutschen Zeitung* über die Nahrungsmittelverschwendung in Deutschland meldete sich ein Cheflobbyist der Ernährungsindustrie zu Wort. Die ersten wissenschaft-
lichen Untersuchungen zu dieser Problematik, so sagte er der
Zeitung, zeigten, dass ein erhebliches Potenzial vorhanden sei,
um den Umfang der Lebensmittelabfälle in Deutschland zu reduzieren. Natürlich bestünde zwischen der Essensabfall-Proble-
matik und mangelnder Einsicht oder Initiative der Industrie kein
Zusammenhang. Es seien vielmehr die Kunden. Genauer gesagt
läge es an der Fehlkonstruktion der Denkorgane, meint der Cheflobbyist: Es gebe »keinen Schalter, den man einfach umlegen kön-
ne, um das Verhalten zu ändern.« Das ist zwar ziemlich frech, da
seine Erklärung von der Verantwortung der Konzerne ablenkt,
aber zur Hälfte hat der Cheflobbyist recht. Denn das gedankenlo-
se Verschwenden von Nahrungsmitteln ist ein erlernter Prozess –
wir kennen es nicht anders, einfach abschalten lässt sich dieses
Fehlverhalten sicher nicht. Durch das Lesen dieses Buches haben

Sie aber schon einen sehr großen Schritt in die richtige Richtung gemacht. Wir, die Autoren dieses Buches wünschen uns, dass die Daten, Fakten, Geschichten und Anregungen Sie zu einem achtsamen Umgang mit Lebensmitteln inspirieren konnten. Vielleicht gelingt es uns allen künftig besser, dem Titel des Buches entsprechend, mit den wertvollen Lebensmitteln verantwortungsvoll umzugehen, also:

Verwenden statt verschwenden.

Anhang

Quellen, Film- und Literaturempfehlungen, Websites, Organisationen

Taste the Waste – Warum schmeißen wir unser Essen auf den Müll?, Film von Valentin Thurn, DVD von WFilm, 2011.

Kreutzberger, Stefan und Valentin Thurn, *Die Essensvernichter*, Kiepenheuer & Witsch, 2011.

Botterbrodt, Sabine: »Backwaren«. In: Fehlhaber, Karsten, Kleer, Josef und Kley, Fritz (Hrsg.): *Handbuch Lebensmittelhygiene*. Behr's Verlag Hamburg, 2012.

Pätzold, Walter: »Speisepilze«. In: Fehlhaber, Karsten, Kleer, Josef und Kley, Fritz (Hrsg.): *Handbuch Lebensmittelhygiene*. Behr's Verlag Hamburg, 2012.

Stuart, Tristram: *Für die Tonne: Wie wir unsere Lebensmittel verschwenden*. Artemis & Winkler, 2011.

Weiß, Alexander und Hammes, Walter: »Obst, Gemüse, Keimlinge«. In: Fehlhaber, Karsten, Kleer, Josef und Kley, Fritz (Hrsg.): *Handbuch Lebensmittelhygiene*. Behr's Verlag Hamburg, 2012.

Kreative Resteküche, Verbraucherzentrale NRW, EUR 9,90 zzgl. EUR 2,50 Versand, Tel.: (0211)3809-555 oder www.vz-ratgeber.de

www.haushaltsmanager.at
Viele Resterezepte und Biokontakte

www.chefkoch.de/rezept-reste.php
Resterezepte für Gourmets

www.kochmeister.com/t/0k0/reste/rezepte.html
Kalorienarme Resterezepte

www.lovefoodhatewaste.com
Vorbildliche Abfallvermeidung auf Englisch

www.weck.de
Ratgeber für Haushaltskonservengläser

www.taste-the-waste.de
Website zum preisgekrönten Film

www.tafel.de
Internetseite des Bundesverbands Deutsche Tafel e. V., der über 800 ehrenamtliche Tafeln in ganz Deutschland vertritt

www.containern.de
Treffpunkt der Lebensmittelverwerter

www.dumpstern.de
Tipps von Mülltauchern für Mülltaucher

www.slowfood.de
Langsam essen, ausgiebig genießen, wenig wegwerfen

www.utopia.de
Verbrauchermarkt – Portal für eine bessere Welt

www.transfair.org
Alles über ethischen Handel und Konsum

www.bvl.bund.de
Portal des Bundesamts für Verbraucherschutz und Lebensmittelsicherheit

www.permakultur.org
Treffpunkt für Freunde der Nachhaltigkeit

www.bosch-home.com/de/produkte/kühlen-und-gefrieren.html
Alles über umweltfreundliches Kühlen und Einfrieren

Register